eye.
守望者 —— 到灯塔去

卡尔维诺百年诞辰纪念版

Italo Calvino
Romancier et conteur

伊塔洛·卡尔维诺
写小说的人，讲故事的人

Jean-Paul Manganaro

［法］让-保罗·曼加纳罗 著
宫林林 译

南京大学出版社

Italo Calvino: Romancier et conteur
© 2000 Jean-Paul Manganaro
Originally published by Seuil
Simplified Chinese Edition Copyright © 2023 by NJUP
All rights reserved.

江苏省版权局著作权合同登记　图字：10-2019-380号

图书在版编目(CIP)数据

伊塔洛·卡尔维诺：写小说的人，讲故事的人/（法）让-保罗·曼加纳罗著；宫林林译. —南京：南京大学出版社，2023.6

ISBN 978-7-305-26818-2

Ⅰ.①伊… Ⅱ.①让… ②宫… Ⅲ.①卡尔维诺(Calvino, Italo 1923—1985)-文学研究 Ⅳ.①I546.065

中国国家版本馆 CIP 数据核字(2023)第 043377 号

出版发行	南京大学出版社
社　　址	南京市汉口路22号　邮　编 210093
出 版 人	金鑫荣
书　　名	伊塔洛·卡尔维诺：写小说的人，讲故事的人
著　　者	［法］让-保罗·曼加纳罗
译　　者	宫林林
责任编辑	顾舜若
照　　排	南京紫藤制版印务中心
印　　刷	南京爱德印刷有限公司
开　　本	880×1230　1/32　印张 6.75　字数 140 千
版　　次	2023 年 6 月第 1 版　2023 年 6 月第 1 次印刷
ISBN	978-7-305-26818-2
定　　价	68.00 元

网　　址　http://www.njupco.com
官方微博　http://weibo.com/njupco
官方微信　njupress
销售咨询　025-83594756

* 版权所有，侵权必究
* 凡购买南大版图书，如有印装质量问题，请与所购
  图书销售部门联系调换

"我始终渴望着别处"(代序)

赵　松[①]

在卡尔维诺那部极富想象力和穿越感的《宇宙奇趣》里,我重读最多的是那篇《恐龙》。其中有个很耐人寻味的场景,那是在恐龙灭绝很久以后,不死的 Qfwfq 化身为幸存的恐龙,遇到了新兴物种——新人。没见过恐龙的新人跟恐龙打招呼,结果把他吓得落荒而逃。最后他被追上了,这些无拘无束的新人只是想问路。他们跟慌乱的他开玩笑:"好像你见到了恐龙似的!"[②]有人还严肃地说:"这可不是玩笑,你可不知道它们是什么东西……"

这个场景长久地萦绕在我的脑海里,如此突兀、诡异、搞笑,令人不安和尴尬,又隐含着某种象征意味。说实话,我很难不去联想卡尔维诺在写下这个小说时怀着怎样复杂的感觉。或许,在某种意义上,《恐龙》也是他为自己写下的寓言。尽管当时他早已获得

[①] 赵松,作家、评论家,著有《隐》《伊春》《空隙》《抚顺故事集》《积木书》《被夺走了时间的蚂蚁》《灵魂应是可以随时飞起的鸟》等。
[②] 本文中《恐龙》的引文均采用张密、杜颖、翟恒译本,《宇宙奇趣全集》,译林出版社 2012 年版。

世俗意义上的成功,但作为小说探索之路上真正的远行者,他很清楚,在多数人眼中,他的精神与文学的世界始终都是遥远而又陌生的,或许,就像那个幸存到新人时代的恐龙,人们看到他,却不知道他是异类。

更耐人寻味的是小说结尾:恐龙跟新人生活在一起,经历了各种故事,但最后还是逃掉了。一方面或许因为,在他看来,"我们(恐龙)的灭绝是一部非常宏大的史诗,无论结局怎样都可以为那一段的辉煌而骄傲!这些傻瓜能懂什么?"另一方面或许因为,他曾遇到的那个有恐龙血缘的姑娘为他生了个儿子。他偷偷去看望了那个男孩,于是就有了下面的场景:

他好奇地看着我,问:"你是谁?"
"谁也不是!"我说,"你呢?你知道你是谁吗?"
"真怪,所有人都知道,我是一个新人!"
我想听到的正是这话!我抚摸着他的头,说:"好样的!"然后就走开了。
我穿越山谷与平原,到了一个地方的火车站,乘上火车,混入人群之中。

我猜,这个男孩,或许就是卡尔维诺为自己写下的那些作品而塑造的象征体,是某种妥协与融合的产物,而他也很清楚,"卡尔维诺",无论走到哪里,都注定是众人眼中的陌生人,就像新人眼中的恐龙。

* * *

我是在收到法国人让-保罗·曼加纳罗所著的《伊塔洛·卡尔维诺:写小说的人,讲故事的人》译稿之后,再次重读了《恐龙》的。随后在看卡尔维诺生平年表时,我就在琢磨,卡尔维诺的传记到底该是什么样的呢?看看他的大事记——生于古巴,长在意大利,在"二战"期间加入意共,参与过媒体工作,做过出版,幸遇伯乐兼引路人帕韦泽(意大利重要作家),退出意共,后来还曾隐居巴黎,与著名的先锋文学团体"乌力波"过从密切,晚年又生活在罗马……单是这些内容,放在当代著名的欧美传记作家们手里,肯定能写出厚达上千页的传记。

我喜欢读作家的传记,尤其是欧美人写的那些厚重如砖的大部头。不过,我有个坏习惯,就是从来不会老老实实地从头到尾读完它们,而是喜欢随意翻看,遇到有意思的就读下去,觉得无趣了就放下,过段时日还会再翻开。另外,我还有个恶作剧式的喜好,就是在家里的书架上,我从来都不会把那些传记跟传主的作品放在一起,相反,我会尽量让这两种书离得远远的,就好像要是把它们搁在一起的话,那些传记就会对那些作品产生不良的影响似的。

这种人为的距离感,直观地反映出我的态度:我从不会把传记视为通往文学作品的有效路径。我倾向于认为,那些传记虽能让我更为全面地了解作家生平所历、时代环境、社会风气与思潮、人际关系等,但对于深入理解作品其实帮助并不大。非但如此,有时可能还会误导读者,把日常生活中的传主等同于那个写作的人。

在我看来，即使那些怀着巨大野心要让伟大作家的人生世界与创作历程纤毫毕现的大部头传记，如不能激发读者怀着浓厚的兴趣重返传主的文学世界，那么最终都难免成为真正的障碍。

此外，对于传记作品，我还有个基本的判断标准：要是我在作者行文中感觉不到对作品的热爱和足够的敏感，要是他在谈及传主作品时做不到如数家珍、独具慧眼、深入浅出，那么不管他们写出的传记多么有名、多么厚重，我都会毫不客气地打个叉。

* * *

卡尔维诺的作品总是闪着智慧的光芒——这一点基本上已得到公认。正如他本人在《监票人的一天》的作者注中所说，他的作品中"思考多于事实"，几乎从不会让自传成分有孔而入。

在正文仅九万字左右的《伊塔洛·卡尔维诺：写小说的人，讲故事的人》开篇处，曼加纳罗这种单刀直入的方式其实是为这部传记定下了基调。智慧、思考多于事实，不让自传成分有孔而入。这些关键点所意味的显然并不只是卡尔维诺作品本身的特质，还表明了曼加纳罗的构思前提：他不会采取那种试图通过揭密作者生活来呈现作品根源的传记方式，而只会以卡尔维诺的作品为这部传记写作的出发点和传主精神世界的入口。

作为卡尔维诺作品的法语译者和资深的意大利现代文学研究者，曼加纳罗无疑清楚，自己在写的虽是一部卡尔维诺评传，但它需要具有强烈的文学性——他的行文应是与卡尔维诺的作品和精神世界深度共鸣的结果,他的所有解析都应是扎根于文学深处的,而不是依托理论的。换句话说,他的写作不能是冷眼旁观式的,而应是与卡尔维诺作品默契共舞的;他的语言只能是渗透式的,能自如出入卡尔维诺文学世界的。唯有如此,这本评传才能成立。

说到底,从他的行文节奏与质感就可以知道,与其说他写的是本卡尔维诺评传,不如说是他与卡尔维诺进行的一场漫长的隔空对话。他深知在这样一场独特对话中所能发生的是什么——他就像探险家那样,独自深入卡尔维诺的文学世界,像考古学家那样,勘探挖掘与卡尔维诺的写作艺术和精神之火密切相关的那些深藏的细节、线索及脉络,同时还需要时刻保持克制……他知道,最终能给予这部薄薄的作品以真正鉴定的,只能是那些跟他一样深爱卡尔维诺作品的人。

* * *

从开始创作那一天起,我就把写作看成是紧张地跟随大脑那闪电般的动作,在相距遥远的时间与地点之间捕捉并建立联系。因为我爱好冒险,爱好童话,我总想找到某种东西代表内心的力量,代表大脑里的活动。我把这个希望寄托在形象上,寄托在由形象产生的想象上。当然我很清楚,只要这种想象尚未变成语言,便谈不上是文学作品。诗人写诗,作家写文章,成功都在于他们找到了文字表述。这可能通过一闪念而实现,但一般说来需要耐心地选择'恰当的词语',铸成字字经过推敲的句子。句子的声音要谐调,概念要清楚,含义要深邃。我深信写散文与写诗并无两样,不管写什么,都应找到那唯一的、既富于含义又简明扼要的、令人难以忘怀的表达方式。①

卡尔维诺的这段夫子自道中,隐含了曼加纳罗写这部评传的方法论来源。他要做的就是在卡尔维诺的作品中发现"大脑那闪电般的动作",同时还要深入体会并玩味"一闪念"和那"一般说来"的规律到底是如何呈现在不同作品里的。也正因如此,对于传记作家们通常会大书特书的卡尔维诺与其充满科学气息的父母和家庭的关系,曼加纳罗只是点到为止,甚至对于卡尔维诺在青年时代做出重大抉择——成为作家——这个关键事件也只给了极为节制的笔墨。因为他要尽快引领读者进入卡尔维诺的文学和精神世界,而不是日常生活。

曼加纳罗始终在耐心细致地追寻与辨析卡尔维诺的写作演变的线索和脉络,并适时做出敏锐的判断。比如在谈及卡尔维诺早期作品演变的征兆时,他就点明:"从某些方面来说,卡尔维诺的写作也是对电影再现手法反思的结果。而电影带给他的,正是他一直在阅读中找寻的那种'乐趣',那种对奇迹的期待……"再比如,在探究卡尔维诺早期作品《通向蜘蛛巢的小径》与"荷马式的单曲独唱"结构的关系时,曼加纳罗郑重指出:"卡尔维诺从一开始写作

---

① 本文中《美国讲稿》的引文均采用萧天佑译本,译林出版社 2012 年版。略有改动。

就偏爱一种更近似于诗歌而不是经典叙事的结构,其特点是用口头表达的时间组织故事的发展。"

而在说到卡尔维诺开始从新现实主义路线向新的创作路径转变时,曼加纳罗的判断尤为精准:

> 于是,世界被组织为一种明晰、愉悦的几何形态,迷失其中是一桩乐事,因为我们知道,在演出结束的地方我们会再次相逢。而且,这大概也是卡尔维诺作品的一大特色,即在某些时刻,他懂得并且愿意离开现实主义的领地,将内容做某种抽象化处理,以此作为表达方式,去丈量那些没有边际的领域……尽管那种不真实的效果似乎仅仅是散落的、片段的、不连贯的。

在很大程度上,上述判断应是源自他对卡尔维诺自己关于当年创作转变期的困境所进行的反思表述的理解:

> 我看到自己不可能与周围险峻陡峭、如同灰浆的世界协调一致得就像我自己就在其中一样,也不可能与那些有着一种深沉的活跃性的颜色、如同喊叫或者大笑一般的裂口协调一致。尽管想方设法在我和事物之间放入词语,但我无法找到合适的词语来包裹它们。因为我的所有词语都是生硬的,都刚刚切削出来:说出它们就好比放下许多石块一般。[①]

[①] 本文中《在你说"喂"之前》的引文均采用刘月樵译本,译林出版社 2015 年版。略有改动。

我们在不经意间看到,"尝试表达的不同可能最终成就了卡尔维诺的写作。但在找出那些可能性之前,他也要一次次走进写作的绝境",随即就看到卡尔维诺所说的"到现在也是这样,每一次(经常)不明白某些事情时,我便会本能地生出一种希望,但愿它重新来一次,让我再次什么也不明白,让我再次拥有在一瞬间找到又失去的那种不同的智慧"(《在你说"喂"之前》)。说实话,我们已很难不对曼加纳罗产生充分的信任了,他已把握到了卡尔维诺的文学精神脉搏。

*　*　*

有时候,我觉得我站在了错误的一边,我应该跟鱼、乌鸦、蚂蚁站在一起。我乐于看到人类只得到自己应得的东西。也许人类正在自我毁灭。而我,到那一刻,我会到另一边去:跟蚂蚁站在一起,或者跟随便什么站在一起……除了粉身碎骨,不会有别的下场。

这段话出自卡尔维诺早期作品《波河青年》里的人物纳尼恩之口。当曼加纳罗让我们关注到这段话时,其实我们很难不去联想到卡尔维诺对人类世界的反思和悲观态度其实是一以贯之的。但是,或许也正因如此,我们更应该注意到,在面对异常沉重与残酷的现实世界的过程中,卡尔维诺的文学价值观所发生的重要改变。正像他在《美国讲稿》的第一篇《轻逸》中所表述的:"我的工作常常是为了减轻分量,有时尽力减轻人物的分量,有时尽力减轻天体的分量,有时尽力减轻城市的分量,首先是尽力减轻小说结构与语言的分量。"随后他还写道:"对一个小说家来说,要把自己有关轻的想法描写出来并列举出它在现代生活中的典型事例,这是很困难的,只好无休止地、无结果地去进行探索。"

无疑,从卡尔维诺的文学理想和创作成果来看,在现代作家中几乎找不到相似的参照对象。如果我们把绝大多数现代作家看作陆地动物或海洋动物,那卡尔维诺就是空中飞鸟,是各种各样的飞鸟,而非某一种,因为他在每一部作品中所展现的飞翔方式、技艺和状态都是那样不同,以至于在他下一部作品出现之前,没有人能猜到它将会以何种方式飞起。他要创造一个属于轻逸的世界,用以回应那个无比沉重、随时都在石化的现实世界,最重要的是揭示从中跳脱的各种可能。某种意义上,这确实是精神和艺术的游戏,因为他清楚地知道,"游戏始终让我们与真实拉开距离并敞开通往真实的路径"。

曼加纳罗对此做出的深入解析则能帮助我们更准确地领会,在卡尔维诺的写作实践中,"游戏"意味着什么:

> 对于卡尔维诺来说,游戏似乎是必不可少的。他不断在纸页上构造着游戏与幻觉,随着时间的推移,他将写作本身开拓成了游戏与幻觉。比如,他所构造出的风景,他的焦点随着俯视和仰视逐渐发生的变化,他不时流露的不真实感,以及人物在由碎片构成的风景——我们要尽量看得仔细——之内的功能,都时常让人想到一个孩子在搭建方方正正的积木,而且,他特别喜欢让小火车和轨道在风景中迂回穿梭。他还会

在其中添一些小木块和木头做的小士兵[他借此避开所有金属装配玩具(Meccano),因为金属的坚硬排斥新形式的创造],其中一些部署方式(dispositifs)或许会让我们相信,想象力在他的生命里曾是可供游戏的知识。

但是,为了避免读者误把卡尔维诺对游戏性的强调理解为某种纯形式主义的追求,曼加纳罗还不失时机地指出了一个重要事实:"在卡尔维诺的作品中,探讨真实是一个核心观念。"那么,这个"真实"究竟意味着什么呢?其实,最好的解释是卡尔维诺在《昏暗中》里写的那段话:"世界不是全景式敞开的,而是加密过的。隐匿起来的东西不是要遮掩自己(内脏,秘密),而是想要被发现(痕迹,宝藏)。"换句话说,卡尔维诺所追求的"真实",并非如实呈现,而是在面对被遮蔽、隐匿的世界时,通过解密和发现来达到的。正如他在《作为欲望表现的文学》中所说的:"文学就是寻找一本被深埋起来的书,这本书将改变已知书本的价值;文学就是努力去发现或发明不可靠的新文本。"

* * *

这部评传最为精彩的部分,是关于卡尔维诺后期重要作品《帕洛马尔》的探讨与分析。曼加纳罗认为:

(帕洛马尔)这个理想人物身上集中了卡尔维诺作品中的一些重要元素:他是个反英雄的人物,但在遇到任何精神上的考验时总是敢于直接面对,他的内心单纯如马可瓦尔多和柯西莫,且处在社会的绝对边缘地带,因此他几乎跟卡尔维诺笔下的所有人物一样,身上都有些卡尔维诺本人的影子。帕洛马尔是对卡尔维诺全部创作的告慰。是的,他看上去云淡风轻,也就是说,他出奇地轻盈,且站在一个格外高的地方向下看——与帕洛马尔这个有所指涉的名字相称,也让人想到美国帕洛马尔山天文台上的望远镜。帕洛马尔心怀忧虑但平静从容,他阅尽世界的记忆、此刻的经验、未来的可能。他一半在地,一半在天,大地将所有需要解决的难题、所有关于宇宙的疑问都塞给了他,没有日夜之分的天空不再是逃逸的去处,而是归宿。

在这段异常动人的解析之后,他认为:

卡尔维诺对组合结构的迷恋依旧。但在写《帕洛马尔》时,他对结构的要求已经没有那么严格了。他似乎经常忘记要做组合的游戏,全身心投入以写作来沉思的崇高活动中去。当作者投入这样的特殊时刻,他就找回了自己并忠于自己,不管是自己的欲望还是自己的状态。他召集一些元素来一步步完成最后的观察,这些元素的特性就是再日常不过,它们是生活的基本元素,是任何形式都可能包含的。而恰恰因为这些形式是常见的甚至随意的,才比其他形式更适合用来制造组合。被组合在一起的不是问题的答案,而是简单的观察记录,并且归属于一个共同的意义,那就是它们的独特形式。

他甚至认为,在《帕洛马尔》中,"卡尔维诺的写作终于丢掉了对某些形式的执念,融入世界被转变为相邻的、连续的图案后不安的和谐之中"。当然,也正是在这段话里,我们不难看出,作为传记作者的曼加纳罗多少误会了卡尔维诺"对某些形式的执念",如果他是小说家,恐怕就不会这样说了,他就会理解,对于卡尔维诺这样伟大的作家来说,这种"执念"如果像是"作茧自缚",那么其目的显然是羽化成蝶,而非固执其中。

* * *

耐心地跟随曼加纳罗的笔触进入卡尔维诺的文学世界的进程曲折而又微妙。这个世界对我们的展现并不是全景式的,而是不断开启绽放式的。这个过程很像穿行在无尽的热带雨林里,时而幽深微暗,时而天光乍现,既有无数奇异植物缠绕交织,亦有令人惊艳的飞禽走兽不时突现,更有很多溪流深潭沼泽交错其中……与曼加纳罗那细致入微、启人深思的解析相伴随的,不仅是这本小书带给我们的那种越读越慢、越读越厚的感觉,还有让人时不时想要重回卡尔维诺作品里再看个究竟的冲动。

曼加纳罗不仅对卡尔维诺作品有着独到的见解,对其语言特质也有精辟的观点,比如在谈及以听觉为题材写的"最美的故事之一"《国王在听》时,他这样写道:

卡尔维诺极少像这样将诗歌般的写作倾注在他的对象上:他用写作翻遍了每一个可能产生感觉的角落。写作的种种机制被转化为情感(émotion)和情动(affect),情的浓度形成的各种组合正如一条条路径,一条条被抛往不同方向的线条,它们被某种句法、某种语言捕获后又再次被抛出。这种语言,我们若要说它清晰,不如说它透明,因为它让藏在词语背后的东西、由词语揭示的东西不断闪现在我们的感受中。

对于卡尔维诺作为作家的超凡特质,他也有深刻的洞察。在他看来,卡尔维诺从来都不是那种自我感觉良好的人,而这在当时意大利文化界是非常罕见的。尽管我们通常会对那些伟大的作家、艺术家近乎本能的自负或习惯性的自我感觉良好持宽容态度,但也还是难免像他们的同时代人那样报以某种嘲讽的眼光:其作品可嘉,但其人可憎。我们只有在看过曼加纳罗对卡尔维诺这种品质的深入分析之后才会明白,一个作家能清醒地保持"自我与写作之间的这种距离"有多难能可贵,"这种距离有时会引起不适,但通常是一种讽刺的距离,至少能培养出一种非常鲜活的幽默感","使卡尔维诺在意大利文学版图上独树一帜"。

归根到底,曼加纳罗其实非常清楚,卡尔维诺能有如此状态主要是因为,他根本就不在意自己于日常世界里的在场状态或者说存在感,而是"始终渴望着别处"。他真正在意的,是他赖以创建那个文学世界、促使他思考的词语:

> 我并不崇尚插叙,也可以说我喜爱直线,希望直线能无限延长,好让读者捕捉不到我。我希望我能像箭一样射向远方,消逝在地平线之外,让我飞行的轨迹无限延伸。或者说,如果

在我前进的道路上有许多障碍，那么我将用许多直线线段设计我的行迹，依靠这些短小的线段在尽可能短的时间内绕过各种障碍。（《美国讲稿》）

在这部评传中，曼加纳罗还有一个特点很值得注意——他尽可能少地引用卡尔维诺的朋友、亲人的回忆或评论，也很少引用其他作家或评论家的评论。也就是说，他并不想借助丰富多样的他者信息来营造什么客观判断的语境，他竭尽所能要做到的，就是独自面对卡尔维诺的文学与精神世界。或许在他看来，所有真正意义上的卡尔维诺读者，都注定是要独自面对那个广阔、幽深而又神秘的世界的，而他在这部小书里所要做的，就是平静而又深情地提供某些深入抵达的体验，同时还能提示更多的可能。他做到了。

2023 年 3 月 25 日于上海

年　表

1923 年　伊塔洛·卡尔维诺出生于圣地亚哥·德·拉斯维加斯(古巴),父亲是马里奥·卡尔维诺(1875—1951),母亲是艾娃·马梅利(1886—1978)。

1925 年　全家回到意大利圣雷莫。

1927 年　伊塔洛的弟弟弗洛里亚诺出生。

1941 年　卡尔维诺获得高中文凭,进入都灵大学农学系,次年转入佛罗伦萨大学。

1943 年　卡尔维诺创作的几篇叙事作品直到 1993 年才面世,收录于《在你说"喂"之前》(《安地列斯群岛的绝对静止》)。

1944 年　与弟弟一同加入意大利共产党,加入游击队,并参与了第二分队在利古里亚前阿尔卑斯地区的"加里波第"进攻行动。

1945 年　回到都灵大学并进入文学系,在此以关于约瑟夫·康拉德的论文获得学士学位。

1946 年　与一些共产党报纸及期刊合作,包括《团结报》和埃利奥·维托里尼领导的《综合工艺》。

1947年　卡尔维诺到埃伊纳乌迪出版社工作,在切萨雷·帕韦泽的支持下出版了第一部小说《通向蜘蛛巢的小径》。

1949年　卡尔维诺出版了讲述其战争经历的短篇小说集《最后来的是乌鸦》。

1950年　帕韦泽自杀身亡。

1951年　卡尔维诺完成长篇小说《波河青年》(未出版)。前往苏联旅行,其父在他旅行期间去世。

1952年　《分成两半的子爵》和《阿根廷蚂蚁》出版。

1954年　《进入战争》出版。卡尔维诺开始负责"意大利童话"项目——两百则民间童话的汇编;与《新电影》杂志合作。

1956年　在苏联出兵匈牙利之际,卡尔维诺参与了关于马克思主义文化的辩论;创作了叙事-寓言作品《安地列斯群岛的绝对静止》;撰文批评意共对苏联出兵匈牙利一事的态度,该文于次年发表在《开放之城》杂志上。

1957年　卡尔维诺退出意大利共产党。《树上的男爵》出版;《房产投机》发表在《暗仓》杂志上。

1958年　卡尔维诺发表《皇后的项链》的片段、《烟云》,出版文集《故事》。一些文字作品由利贝罗维奇改编为歌剧。

1959年　《不存在的骑士》出版。受福特基金会之邀,卡尔维诺前往美国进行为期六个月的访问,其中有四个月在纽约度过。

1960年　"三部曲"合为单卷本《我们的祖先》出版,卡尔维诺为该书撰写了一篇重要前言。

1962 年　卡尔维诺在巴黎结识了埃丝特·朱迪思·辛格。

1963 年　《马可瓦尔多或城市四季》和《监票人的一天》出版。

1964 年　卡尔维诺与辛格在古巴完婚。

1965 年　乔万娜·卡尔维诺出生。《宇宙奇趣》出版。

1966 年　自 1959 年起与卡尔维诺共同领导杂志《梅那坡》的埃利奥·维托里尼去世。

1967 年　卡尔维诺定居巴黎。发表《零时间》,翻译了其在巴黎交往密切的朋友雷蒙·格诺的《蓝花》,并在格诺的介绍下结识了"乌力波"的其他成员。

1969 年　《命运交叉的城堡》出版。

1970 年　《困难的爱》(奇遇系列)及《卡尔维诺讲阿里奥斯托的〈疯狂的奥兰多〉》出版。

1972 年　《看不见的城市》出版。卡尔维诺为《花花公子》杂志撰写了《名字,鼻子》。

1974 年　卡尔维诺与《晚邮报》合作,其间发表的一系列干预性文章后被收入不同文集:《帕洛马尔》《收藏沙子的旅人》《圣约翰之路》。他在广播节目中所做的"不可能的访谈"后来收录于《安地列斯群岛的绝对静止》。

1976 年　卡尔维诺赴美国讲学,并前往墨西哥和日本旅行。

1979 年　《如果在冬夜,一个旅人》出版。卡尔维诺离开《晚邮报》,开始了与《共和报》的合作。

1980 年　卡尔维诺生活在罗马。批评文章收录于《文学的作用》结集出版,其中部分文章后被收录于《文学机器》。

1981 年　卡尔维诺获得荣誉军团勋章。他担任第 38 届威尼斯国际电影节评委。当年的获奖者有 M. 冯·特洛塔和 N. 莫莱蒂。

1982年　卢西亚诺·贝里奥将卡尔维诺的《一个真实的故事》改编为歌剧,并在斯卡拉歌剧院演出。

1983年　《帕洛马尔》出版。

1984年　《收藏沙子的旅人》和《新老宇宙奇趣》由加尔赞蒂出版社发行。

1985年　卡尔维诺为将在哈佛大学举行的六场讲座准备讲稿,讲稿在他去世后出版,即《新千年文学备忘录》。9月19日,卡尔维诺因脑溢血去世。

卡尔维诺的作品总是闪着智慧的光芒——这一点基本上已得到公认。正如他本人在《监票人的一天》的作者注[1]中所说,他的作品中"思考多于事实",几乎从不会让自传成分有孔而入。即使是写于新现实主义风潮正盛之时的早期叙事作品,尤以卡尔维诺的新现实主义道路完结之作《房产投机》[2]为代表,其中的"叙事"也保持着距离,哪怕切入的角度或者解读的关键在于作者的自身经历,

---

[1] I. Calvino, *La giornata d'uno scrutatore*, in «Romanzi e racconti», «Opere», vol. II, p. 2. (*La Journée d'un scrutateur*, trad. G. Génot, Paris, Seuil, 1966;法语译本中并无此条注释。)本书所参考和引用的作品版本包括以下五部:«Romanzi e racconti», vol. I, II, III和«Saggi», vol. I, II, 后文将统一标注为«Opere», vol. I, II, III, IV, V; 括号中的数字对应的是法语译本(如果有法语译本的话)的页码。«Romanzi e racconti»出版时附有 J. Starobinski 所写的前言和 C. Milanini 所写的两篇介绍文字,«Saggi»则附有 M. Barenghi 所写的介绍,Milan, Mondadori, coll. «I Meridiani», 1991 – 1992 et 1995。

[2] I. Calvino, *La speculazione edilizia*, in *Botteghe oscure*, fasc. XX, 1957, in «Opere», vol. I, pp. 779 – 890 (*La Spéculation immobilière*, trad. J.-P. Manganaro, Paris, Seuil, 1990)。

那些经历最终也都退到了背景的位置。

不过,几乎让人感到惊讶的是,随着出版内容的丰富,叠加在作品文本之上的许许多多的注释、说明、前言,几乎将卡尔维诺在创作中发生的细微变化都一点点呈现在我们面前。用比较严谨的说法,简言之,作者在这些文字中提到的自身经历,恰好为这本书写人生故事的学术习作提供了基本线索:

> 你们让我写写人生经历,这件事总让我觉得为难。个人履历,就算是公民身份信息,也是最私人不过的事情:将这些信息公之于众有点像在面对一次心理分析(至少我是这么觉得的,因为我从未做过心理分析)。我或许只能这样开场,我是天秤座;因此,在我的性格中,平衡与失衡总在交替矫正之中。我出生的时候,我的父母正要从生活多年的加勒比地区返回意大利;这种地理上的不稳定让我始终渴望着别处。①

不过,这种稍显过分的节制,或者说,对于类似悖论(paradoxe)的戏仿(parodie)的偏爱,不仅仅表示作者只有面对作品时才想隐去自身。正如他在一封信中写道:

> 个人履历:和克罗齐一样,我也深信一名作者的价值只有其作品说了算(当然,是在这些作品有价值的前提下)。因此,

---

① I. Calvino, « En guise d'appendice: Autobiographie », in *La Machine Littéraire*, trad. M. Orcel et F. Wahl, Paris, Seuil, 1984, 1993, p. 229.

我并不提供自己的生平资料,就算提供,也不是真实的,而且每次都会有所变化。您有任何想知道的内容,不妨直接来问我,我会悉数回答。不过我决不会跟您说实话,关于这一点,您倒是可以深信不疑。①

这里也暗示了人生本身悬而未决的部分,但关键不在于如何解决,因为生命并不是向确定性敞开的,而是向其他提问的空间敞开。于是,一种趋向不存在(l'inexistant)的张力显现出来:"不存在"正是卡尔维诺钟爱书写的领域,也是他最著名的小说之一《不存在的骑士》②的主旨。那个被诅咒(maudite)的部分——或者,被误言(mal dite)的部分——就在这里。它并不是以日常面目出现的现实,而在现实——或许也可称为实在(réel)——的背景里,它以一种既存在也不存在的形式隐藏起来,或者分裂为无法截然分开的两部分,这是其本质属性决定的,正如《分成两半的子爵》所表达的。③ 这种存在的不存在和双重的生命实际上是无法显露的,它无法被诉说:不是其中隐藏着不可告人的秘密,而是它包含了某种根本无法被表达的东西,因为它从来都不是自己表现出来或者被看到的那个样子。

---

① 1964 年 6 月 9 日写给 G. Pescio Bottino 的信,引自«Opere», vol. Ⅰ, p. LXIII。(译文引自《文学机器》,魏怡译,译林出版社 2018 年版,第 501 页。根据曼加纳罗所写传记中的法译引文,略有改动。——译注)

② I. Calvino, *Il Cavaliere inesistente*, in «Opere», vol. Ⅰ, pp. 953 – 1064 (*Le Chevalier inexistant*, trad. M. Javion, Paris, Seuil, 1962).

③ I. Calvino, *Il Visconte dimezzato*, in «Opere», vol. Ⅰ, pp. 365 – 444 (*Le Vicomte pourfendu*, trad. J. Bertrand, Paris, Albin Michel, 1955).

卡尔维诺的许多叙事性文本和批评分析文章,都产生自有关"不是又是其所是"的积极思考,产生自对于意识与无意识、可能与不可能之间的纠缠的关心。他在直截了当且有理有据地表达这些思考的同时,也在提出另一些问题,这些问题只能在作品中或者被作品部分地解决。正如卡尔维诺在另一封信中表示的,以人生经历为参照会制造焦虑并导致偏差:

> 每当回顾自己受固定概念限制、用客观方式描述的一生,我都深陷于苦闷之中,尤其是涉及我所提供的信息时……所讲的内容总是换汤不换药,因为我一直希望回避这种与自传之间的紧张关系。①

* * *

自我与写作之间的这种距离(这种距离有时会引起不适,但通常是一种讽刺的距离,至少能培养出一种非常鲜活的幽默感)使卡尔维诺在意大利文学版图上独树一帜。一方面,它意味着作家并没有自我感觉良好,这在当时的文化界十分难得,唉!当时的风气是,大家喜欢遮遮掩掩地成为自己作品的主人公。另一方面,这种距离意味着一种坚决(fermeté),但从来不是出于自大,而是坚定地

---

① 1985年7月27日写给C. Milanini的信, in «Cronologia», établie par M. Barenghi et B. Falcetto, in «Opere», vol. I , p. LXIII。关于卡尔维诺的生平经历,我们主要遵照并采用这份了不起的年表所提供的信息。(译文引自《文学机器》,第501—502页。略有改动。——译注)

将智识与道德倾注于可被定义为"写作事业"的东西上——几乎照搬了切萨雷·帕韦泽的说法。① 卡尔维诺自1945年起便与帕韦泽成为朋友;是帕韦泽"发现"并"推出"了卡尔维诺。事实上,正因有了卡尔维诺,职业作家在意大利才被承认为一种现代身份,他们不再一边长期规律地写着自己的作品,一边在意大利的出版社担任丛书编辑,负责分析和评判他人的写作。

因此,这是文人生活的一场彻底变革:或许,书写这份人生履历的终极要义就在于此。诚然,诸如艾尔莎·莫兰黛和莱昂纳多·夏夏等跟卡尔维诺差不多同时代的作家,同样能够以写作为生;但卡尔维诺也是一位敏锐的读者,他挑动争论,制造相遇,尤其在意给予新作家认可,这份慷慨也是卡尔维诺珍贵的天赋之一。实际上,如今活跃在意大利文坛的许多作家都曾经得到卡尔维诺的推荐,并以获得其赏识为荣。但我们无意梳理作家的亲缘或谱系,只是强调卡尔维诺有多么关心艺术的创作与加工。

* * *

我们可以认为,卡尔维诺的作品表达了抗议,但不是宗教意义上的,他的抗议是以生活事物的形态来表达的,有时候看来很讽刺,比如一个简单的偶然事件却引发了某种解读或阐释。这似乎是有些人物命运的写照:比如与卡尔维诺的名字有一半相同的伊

---

① 参看 C. Pavese, *Il Mestiere di vivere*, Milan, Il Saggiatore, coll. «Gabbiani», 1964 (*Le Métier de vivre*, trad. M. Arnaud, Paris, Gallimard, 1958)。

塔洛·斯韦沃,他的姓和名作为指涉性的符号,不断分化成互相质疑的内心对话;伊塔洛这个名字的意大利属性困扰了姓氏斯韦沃所包含的德国成分,姓氏让名字对自己产生怀疑,制造了一种矛盾修辞(oxymore)。另一些看起来悲惨的命运也与符号所发出的同样隐晦的共振有关,但不是在印证别人开玩笑似的附会,而是他有意为之的幽默。伊塔洛·卡尔维诺这个名字或许就是这样,姓与名对应着一种境况,一个地理的、历史的、文化的时空,使原本简单的代号有了另一重意义。伊塔洛是意大利名字,尽管他于1923年10月15日出生在古巴,确切地说是哈瓦那附近的圣地亚哥·德·拉斯维加斯——仔细品味,这个地名也可能隐藏着双重含义;卡尔维诺则是家族姓氏。于是,他的名字带有世俗的、爱国主义的意味,姓氏却有严肃的宗教与道德属性,指向属于陌生人与异乡的地理和文化。

对于"抗议"的理解应该取其最为平常的意义,即一个人为了澄清事实而不停地提出异议;这种方式在成为创造性的写作方法之前,是一种具有模仿(mimétique)性质的表达。很多时候,卡尔维诺大胆地对事物做出解释,但单纯提到事物的名字有可能引发歧义。这甚至是他反复使用的写作方式,通过另外一些字眼的堆积回到某些字眼,并将它们从某种解读中解放出来,就算这种解读是作者提示的,也要与之保持距离。卡尔维诺似乎并没有玩味过自己名字的可塑性,尽管这个名字有能力向自身生命之外扩展出其他空间,就像卡尔洛·埃米利奥·加达精彩演绎过的那样。不过在卡尔维诺的作品中,确有不少人名近乎神秘的编码,它们是些需要破解的异位构词(anagramme),会打开不同于初始含义的其他释义路径。此外，可以肯定的是，卡尔维诺十分懂得如何玩味能指（signifiant）自身的可能性，一个能指身上附着了若干种意思，有若干再现方式，有若干种可能的组合方式或组合艺术（artes combinatoriæ）方式。甚至，在经过一番辩证分析之后，我们还是需要从这一点出发来理解他最后的写作尝试。

* * *

如果一个人确实可以试着用别人给他的名字来确认某种意义和命运的话，那么任何与这个名字相对应的传记里便都必然包含着一对父母。卡尔维诺也没有免于这一规则：于是，他有一个姓卡尔维诺、名马里奥的父亲，父亲的家族长期定居在圣雷莫的土地上；他有一个母亲叫艾娃或者埃韦利娜·马梅利，祖上是萨丁岛人。农学家父亲在墨西哥工作过二十年，在卡尔维诺出生时，他正在古巴负责一个试验站和一所农业学校。母亲拥有自然科学的学位，在帕维亚大学做植物学研究助理。二人通过一次校际联系而结识。后来，二人的农学家与植物学家的职业特点数次出现在卡尔维诺的描述文字中。在《圣约翰之路》这部叙事作品中，父亲被写得尤为细致和逼真，他的形象一直穿梭在作者清晰的记忆之中：

> 那时我们要轮流陪着父亲去圣约翰，一天早上是我，一天早上是我弟弟……帮父亲把装着水果、蔬菜的篮子拎回家……无论冬夏，他总是五点起床，穿上他到田里去的衣服，还弄出很大的响声，系上高筒的靴子……他来到我们的房间，硬生生

地叫我们起床,还摇摇我们的胳膊,然后他走下楼梯,钉着掌的鞋底踩在大理石的台阶上;他还在空荡荡的家里转来转去(我们的母亲六点起床,然后是奶奶,最后才是女仆和厨子)。父亲打开厨房的窗户,给自己热一杯加奶的咖啡,还给他的狗热一份汤,跟狗说说话,准备好要拿到圣约翰去的空篮子,有时里面还会放几个装种子或者杀虫剂或者化肥的袋子……他已经打开了水渠旁的大门,已经在路上了,咳嗽,咯痰,不论冬夏。①

相比之下,母亲的形象则较为模糊,典型例子是《房产投机》,母亲出现在故事的背景里,一同出现的还有小伊塔洛四岁的弟弟弗洛里亚诺,他在小说中化身为安佩利奥。在1980年11月的一次访谈中,卡尔维诺提到了对父母的记忆:

我的母亲是一个非常严厉苛刻的人,无论大事小事她一向坚持己见。我的父亲同样严厉,并且脾气暴躁,所以他的严厉更多体现在时不时地大声叫嚷发泄怒火。我的父亲就像是故事里走出来的人,他骨子里是个根深蒂固的老派利古里亚人,曾经周游世界,还经历过庞丘·维拉时期的墨西哥大革命。②

---

① I. Calvino, *La Strada di San Giovanni*, in «Opere», vol. Ⅲ, pp. 13 - 14 (*La Route de San Giovanni*, trad. J.-P. Manganaro, Paris, Seuil, 1991, pp. 23 - 25). (译文引自《圣约翰之路》,杜颖译,译林出版社2015年版,第12—13页。——译注)

② 与L. Ripa di Meana的访谈,引自«Cronologia», *op. cit.*, vol. Ⅰ, p. LXIII。(译文引自《文学机器》,第502页。——译注)

父母回到意大利圣雷莫的事计划了很久,却由于伊塔洛的出生而推迟,直到 1925 年才实现。卡尔维诺家的生活往返于市区的别墅"梅里蒂安娜"(La Meridiana)和圣乔凡尼·巴蒂斯塔的乡间住宅之间。卡尔维诺在《圣约翰之路》里回忆过父亲在两地之间的来来回回。在《房产投机》里,他回忆了那间别墅和家乡风景的巨变。在一些访谈中,卡尔维诺这样谈及那座城市:

> 我在一座小城里长大,这座城市与意大利其他地方的城市大不一样。当我还是孩子的时候,在圣雷莫还住着很多年老的英国人、俄罗斯的大公,以及来自世界各地的奇奇怪怪的人。[1]

以及:

> 从我的故乡圣雷莫的风景中,我偏激地删去了所有海滨观光场所,棕榈树摇曳的海滨大道、赌场、大饭店、别墅等,我几乎为这些观光景致感到羞耻。从老城的小巷开始,我顺着小河往上,绕开几何形状的康乃馨花园,我更喜欢有断断续续的老墙围绕的葡萄园和橄榄树坡地,深入贫瘠山区的崎岖小道上,直到森林的起点,先是松树林,再过去是栗子树林,这样我从海边——从高处往下看,大海像是夹在两道绿荫之间

---

[1] 对米兰一家期刊组织的问卷调查的回答,*Il Paradosso*,引自«Opere»,vol. I,p. LXIV。(译文引自《圣约翰之路》,"简介",第 2 页。——译注)

的一条蓝带——一路来到利古里亚阿尔卑斯东段的高山深谷中。①

关于古巴,他的"海外出生地",他仅存这段记忆:

> 复杂的出生地名(在篇幅有限的个人资料中我都用那个更"真实"的代替:圣雷莫),一些家庭回忆,以及我母亲预见我将在异国成长,为了不让我忘记故土所取的一个在意大利听起来很像国家主义好战分子的教名。②

卡尔维诺总说自己是利古里亚人,来自圣雷莫。在那座利古里亚海滨小城,家族身份十分重要:他的父亲掌管"奥拉齐奥·雷蒙多花卉园艺实验机构",这里也经常有欧洲以外的人出没。他在那里开展研究和教学活动,一直坚持到圣雷莫的加里巴尔迪银行破产导致继续研究所需的经费耗尽,他才不得不将自家别墅的院子抵押给公共机构。不过,相比于外部关系和公共关系,更为重要的是家庭的道德规范和意识形态:

---

① 卡尔维诺于1964年为《通向蜘蛛巢的小径》撰写的前言,in «Opere», vol. Ⅰ, p. 1188 (*Le Sentier des nids d'araignée*, trad. R. Stragliati, Paris, Julliard, 1978, 1990;法语版未收录此前言)。(译文引自《通向蜘蛛巢的小径》,王焕宝、王恺冰译,译林出版社2012年版,"前言",第6页。——译注)
② *Ritratti su misura di scrittori italiani*,部分引自«Opere», vol. Ⅰ, p. LXIV。(译文引自《巴黎隐士》,倪安宇译,译林出版社2012年版,第11—12页。"真实"一词的引号根据本书法语译文添加。——译注)

我们家当时不仅在圣雷莫引人注目,就是在整个意大利也属异常……科学家,爱好大自然,自由思想家……我父亲……出身于一个信奉马志尼、共和制、反教权的共济会家庭,年轻时是追随克鲁泡特金的无政府主义者,后来是改革派社会主义者……我母亲……无宗教信仰,生长环境教导她奉俗世义务及科学为圭臬,1915年加入主战社会主义行列,但和平信念不曾动摇。①

我是科学家之子:我父亲是农学家,我母亲是植物学家,两人都在大学执教。在我们家唯有从事科学研究才算光彩,我一个舅舅是化学家,大学教授,娶了一位女化学家(其实我有两个化学家舅舅,娶了两个化学家舅妈);我弟弟是地质学家,大学教授。我是家中败类,唯一一个从事文学工作的。②

因此卡尔维诺接受的是严格的世俗教育,或者说是科学教育。尽管他属于稳固的资产阶级,但从童年时代起就懂得节制和俭省,并且对此保留着苦涩的记忆,这些回忆出现在《圣约翰之路》的一些故事中。③ 不过要迟至60年代,他才亲口讲起这段过往:

---

① 对 *Il Paradosso* 的回答,引自 «Opere», *op. cit.*, p. LXIV。(译文引自《巴黎隐士》,第122页。——译注)
② *Ritratti su misura di scrittori italiani*, *op. cit.*, in «Opere», p. LXIV。(译文引自《巴黎隐士》,第11页。——译注)
③ 也出现在其他一些叙事作品中,例如《荒地上的男人》《主人的眼睛》《懒儿子》《与一个牧羊人共进午餐》,这些故事收录在文集《最后来的是乌鸦》中。*Ultimo viene il corvo*, in «Opere», vol. I, pp. 149-364 (*Le Corbeau vient en dernier*, trad. R. Stragliati, Paris, Julliard, 1980)。

我的童年经验一点也不赚人眼泪,我的生长环境富裕、平静。五彩缤纷,是我对世界的印象,大大小小的矛盾不断,但并未意识到什么激烈冲突。①

* * *

在圣乔治学院上完幼儿园后,卡尔维诺从1929年到1933年就读于一所私立学校——瓦尔多②教会学校。在小学的最后几年,他被招入巴里拉组织③,当时强制加入的要求已经扩展到了私立学校。"他的父母是反法西斯主义者,但是他们对制度的抨击在当时的政治舆论压力下逐渐减弱了。"④不过:

当年在判定法西斯是恶,与投入政治对抗法西斯之间的鸿沟,今天看来简直难以置信。⑤

然而,卡尔维诺最早的人生记忆就事关法西斯的罪行。他曾

---

① 对 *Il Paradosso* 的回答,引自«Opere», *op. cit.*, p. LXV。(译文引自《巴黎隐士》,第125页。——译注)
② 请注意"valdesi"(瓦尔多)与"Marcovaldo"(马可瓦尔多)之间的谐音,后者是卡尔维诺笔下一个独特人物的名字。
③ 巴里拉组织(Balilla)是针对年纪非常小的意大利儿童建立的法西斯组织,企图从小就对他们进行意识形态控制。
④ M. Barenghi, B. Falcetto, «Cronologia», *op. cit.*, p. LXIV。(译文引自《文学机器》,第504页。略有改动。——译注)
⑤ 对 *Il Paradosso* 的回答,引自«Opere», *op. cit.*, p. LXIV。(译文引自《巴黎隐士》,第121页。——译注)

看到一个人被殴打,但要在很久以后,他才能够对当时的情况做出分析:

> 我可以用这一生记得的第一件事,法西斯行动队棒打一名社会党员开始……因为这个回忆可能得上溯到1926年,有人行刺墨索里尼未遂后,行动队最后一次使用短棍……不过自这第一个童年印象后,生活中一切感受、见闻,就都是文学诱因了。①

或许还有其他诸如文化或道德方面的原因,使卡尔维诺相对消极地看待法西斯制度。不过,如果说直接采取反对行动也可以被认为不合常情的话,那么不信教的卡尔维诺家在流行礼拜文化的意大利,就已经过着一种反规矩的生活了。这一点的明显体现是,童年没有在家庭环境中接受过宗教教育的卡尔维诺,在1934年进入公立中学(ginnasio-liceo)后,不去上当时普遍必修的宗教课。在年少的卡尔维诺心目中,这件事直接或间接意味着他的另类。这种另类于他却并非存在之艰难,而是人生的一个基准点:

> 我不认为这对我有负面影响:面对他人对你个人习惯的敌意,为正当理由而被孤立,忍受随之而来的不便,为维护未获共识的立场摸索出一个合理准则,慢慢地你对这一切就习

---

① 对 *Il Paradosso* 的回答,引自«Opere», *op. cit*., p. LXIV。(译文引自《巴黎隐士》,第121页。——译注)

以为常了。反而长大后,我对他人意见总抱持宽容态度,尤其是宗教方面……同样地,我也完全没有在神父堆中长大的人常有的反教权倾向。①

家庭的道德自律或道德计较显然是客观事实,但这并非没有带来便利:毕竟,用不做宗教礼拜来表示对上帝的拒绝,比用脱离巴里拉小伙伴来反对法西斯政权更容易。童年卡尔维诺及成年后的他在看待此事时,都避开了时代所致的意识形态的沉重。作为孩子,他那时甚至无法判断是否必须做出一个选择;成年后,他已经不活在那个必须做出选择的时代了。这些矛盾限制了介入或决定的可能性,对矛盾的基本观念也在一定程度上影响了卡尔维诺提出问题的方式。他对矛盾的认识不仅仅有关优柔与拖延,而且矛盾常常会重来,所以应该读一下《分成两半的子爵》和《袒露的乳房》②,这类作品都选择了双重的整体结构。在孩提时代,他的与众不同未必成为一种自我孤立、特立独行、自恋表达的动机,却为到来中的话语方式提供了理由。我们姑且把这种话语方式总结为:甘于在这个"纷繁复杂又充满差异的世界里"共同栖居(co-habiter),以自身经验在这个世界里进行协同行动(co-opérer)。

---

① 对 *Il Paradosso* 的回答,引自«Opere», *op. cit.*, p. LXV。(译文引自《巴黎隐士》,第124页。——译注)
② 参看 I. Calvino, *Palomar*, in «Opere», vol. Ⅱ, pp. 880 - 882 (*Palomar*, trad. J.-P. Manganaro, Paris, Seuil, 1985, pp. 16 - 18)。

※ ※ ※

那个时候,这样的与众不同将卡尔维诺的参照系定位在了政治以外的领域:它确定了一种道德理念,不是浪漫地以"我喜欢或我不喜欢"来排序,而是站在更为激进的实证主义和布尔乔亚立场,用"我能或我不能"的公式来回应必须面对的问题。对于生命所提出的明确而具体的问题,答案的得出不是以外在必要性为前提的,不管外在必要性遵循着什么样的秩序;这些答案的起点是一种几乎总是从反对立场出发的内在必要性。

1935—1940年是卡尔维诺的学生时期。相对来说,他的阅读开始得较晚,但他在阅读中汲取了日后创作中的一些重大题材,首先就是难以掩饰的对奇迹的渴望:

> 我相当晚才第一次感受到阅读一本书的真正乐趣:我那时已经十二三岁了,读的是吉卜林的《丛林之书》和(尤其是)《丛林之书续篇》。我不记得是因为我去了学校的图书馆,还是有人送了我这几本书。从那时候开始,我便在书里寻找某样东西:看看我在吉卜林的书里体验到的阅读快感会不会一再发生。[1]

还要加上罗伯特·路易斯·史蒂文森和约瑟夫·康拉德,特

---

[1] 未发表的手稿,M. Barenghi 引用,*op. cit.*, p. LXV。

别是后者,他后来成了卡尔维诺的重点阅读对象。卡尔维诺青少年时期读到的重要作品中,有卡洛·科洛迪的《木偶奇遇记》、伊波利托·涅埃沃的《一个意大利人的自述》,以及卡夫卡的《美国》。"这些作品有一个共同的主题:一个男人的冒险与孤独,他迷失在世界的广阔之中,渴望一次启迪或者一次内在的自我建构。"[1]

卡尔维诺这一代人——包括费里尼——都是读幽默杂志长大的。在那个时代,幽默杂志在意大利发行量非常大,其中最著名的包括《少年画报》《贝托尔多》《马可·奥勒留》《坎迪多》《塞特贝洛》。这些杂志"系统性的讽刺精神"[2]启发了很多漫画的创作,在卡尔维诺这里,则遇到了他承袭自家庭文化的某种无政府主义,因而能够打开"一个可供容身的'别处',以逃避语言的极权"[3]。这些阅读为贯穿卡尔维诺创作的幽默与奇思妙想奠定了基础,使他的作品总能抓住事物不确定的、矛盾的一面。也许正是因为经常阅读这些杂志,卡尔维诺才开始了短剧(saynète)和连环画的创作,由此发现了自己对戏剧形式的兴趣。他说:"从十六岁到二十岁,我梦想成为一名剧作家。"[4]

---

[1] A. Ponti, *Come leggere* Il Sentiero dei nidi di ragno *di Italo Calvino*, Milan, Mursia, 1991, p. 7.

[2] «L'irresistibile satira di un poeta stralunato», in *La Repubblica-Mercurio*, 1989年3月11日, M. Barenghi 引用, *op. cit.*, p. LXV。

[3] I. Calvino, «L'irresistibile satira di un poeta stralunato», in *La Repubblica*, 1984年3月6日, 转引自 *Calvino e il comico*, éd. par L. Clerici et B. Falcetto, Milan, Marcos y Marcos, 1994, p. 43 et n. p. 78。

[4] «Il gusto dei contemporanei». *Quaderno numero tre. Italo Calvino*, Banca popolare pesarese, Pesaro, 1987, M. Barenghi 引用, *op. cit.*, p. LXVI。

对我产生影响的另一种讲述方式是视觉的、图形的：连环画。……幽默连环画曾是我的主要兴趣，它用表意图像与书写文字的组合（或者更应该这么说，它发明了一种将口头语言和拟声词结合在一起的图像形式），给我们这个世纪带来一种全新的讲述方式。不幸的是，对连环画的研究直到现在都还只有社会学家在做；将连环画作为独立艺术门类的真正批评还没有诞生。①

卡尔维诺在感受力方面的学习，则是通过阅读两位意大利诗人——阿里奥斯托②和埃乌杰尼奥·蒙塔莱——的作品实现的。后来卡尔维诺曾就两位诗人写过长文。关于蒙塔莱，他坦陈：

从青少年时代起，蒙塔莱就是我的诗人，并始终是我的诗人……而且，我是利古里亚人，透过蒙塔莱的书，我才读懂了家乡的风景。③

我的风景是专属于我的东西……别人从未真正书写过的风景。（蒙塔莱除外——尽管他来自利古里亚的东海岸——我总觉得在阅读蒙塔莱的时候，从他的形象和语言上，可以读出对家园的记忆）。我来自利古里亚的西海岸。④

---

① I. Calvino, «Film et roman», in *La Machine littérature*, *op. cit.*, p. 61.
② 卢多维科·阿里奥斯托(1474—1533)，意大利文艺复兴时期的著名诗人，代表作有《疯狂的奥兰多》等。——译注
③ *Italo Calvino*, 与 M. D'Eramo 的访谈，引自«Opere», vol. I, p. LXVI。
④ 卡尔维诺于1964年为《通向蜘蛛巢的小径》撰写的前言, *op. cit.*, p. 1188。（译文参考了《通向蜘蛛巢的小径》，"前言"，第6页。略有改动。——译注）

在那些年里,频繁进出电影院的经历也对卡尔维诺有决定性的影响。对此,他在1974年为费里尼的一部剧本合集撰写的前言《一个观众的自传》中有大段的描述。① 对电影的不倦激情不仅仅是一种时代效应,其中所蕴藏的东西要丰富得多:在20世纪40年代的电影中(尤其是美国电影),可以发现一种属于电影的独特叙述模式。从某些方面来说,卡尔维诺的写作也是对电影再现手法反思的结果。

而电影带给他的,正是他一直在阅读中找寻的那种"乐趣",那种对奇迹的期待。于是电影也成为一种庇护:当周围的人和事使他感到难以呼吸,除了电影院,他还能躲到哪儿去呢?

有几年我几乎天天都去看电影,有时候一天去两次,就是我们所说的1936年和战争开始之前那几年,总之就是我的少年时代。②

必须说的是,所有这些经历都集中在不多的几年里。那时候,我刚刚有时间意识到自己的兴趣爱好,并从家庭的压制中解放出来,却又突然间被国家的压制所扼杀。一切都发生在一瞬间(好像是1938年),意大利为了延伸自己在影视方面

---

① I. Calvino, *Autobiografia di uno spettatore*,作为前言发表于F. Fellini, *Quattro film*, Einaudi, Turin, 1974;后收录于«Opere», vol. Ⅲ, pp. 27-49, in *La Route de San Giovanni*, op. cit., pp. 51-96。

② I. Calvino, *Autobiografia di uno spettatore*, p. 27 (53)。(译文引自《圣约翰之路》,第37页。——译注)

的绝对自主权,颁布了禁止引进美国电影的法令。①

卡尔维诺与父母的关系变得更疏远了,因为他做出了成为艺术家的重大抉择。父母的世界是由科学和自然构成的,而他的世界正在被打造。他用这个选择对家庭所恪守的价值观做出了第一个直接回应:

> 他的这两种个性非常强烈并且颇具特点……作为他的儿子,我唯一不受压迫的办法,就是建立起一套防御体系来反抗他。这样做也会有一些损失:所有本该由父母言传身教给子女的知识在我身上就有了部分缺失。②

* * *

> 赋予我们想象世界形体的是我们人生最初那几年,而非成熟期。③

任何一部传记都会缺少一章或者一个特别段落,一个应该被

---

① I. Calvino, *Autobiografia di uno spettatore*, p. 39 (76). (译文引自《圣约翰之路》,第57—58页。略有改动。——译注)
② 与 L. Ripa di Meana 的访谈, *op. cit.*, p. LXIII。(译文引自《文学机器》,第502—503页。——译注)
③ I. Calvino, *Eremita a Parigi*, in «Opere», vol. III, p. 102. (译文引自《巴黎隐士》,第155页。——译注)

一次次重新发明的段落。不过,也许正是因为这份缺失,在面对被当成客体生硬地陈列的生平时,在面对一种被精心熨烫、上过浆的人生时,卡尔维诺才感到"焦虑"和"紧张"。实际上,除非传记的作者对此主题上心,否则人们从不或几乎不会去谈论童年里的游戏。

比如,我们知道餐厅的那张饭桌之于保罗·莱奥托的重要性,他曾独自躲在那张桌子底下,"没有玩具,什么也没有",或者最多有他父亲养的小狗陪着:在八十岁时与R.马莱的访谈中,他承认自己一直过着藏在桌子底下的人生。在另一个餐厅里,也是在一张桌子底下,"盖子上面的桌布垂到地上",纪德收获了人生最初的性体验:"我们把带进去的几样玩具弄出很大声响作为掩饰,其实我们在玩着别的:一个挨着一个,但不是一个跟另一个,我们拥有了我后来才知道的所谓的'坏习惯'。"

当然,有人会反对,不是每个作者都必然有这样的认同感,可能他们看到的一些游戏是相当悲哀的。不过对于卡尔维诺来说,游戏似乎是必不可少的。他不断在纸页上构造着游戏与幻觉,随着时间的推移,他将写作本身开拓成了游戏与幻觉。比如,他所构造出的风景,他的焦点随着俯视和仰视逐渐发生的变化,他不时流露的不真实感,以及人物在由碎片构成的风景——我们要尽量看得仔细——之内的功能,都时常让人想到一个孩子在搭建方方正正的积木,而且,他特别喜欢让小火车和轨道在风景中迂回穿梭。他还会在其中添一些小木块和木头做的小士兵[他借此避开所有金属装配玩具(Meccano),因为金属的坚硬排斥新形式的创造],其中一些部署方式(dispositifs)或许会让我们相信,想象力在他的生命里曾是可供游戏的知识。

于是,世界被组织为一种明晰、愉悦的几何形态,迷失其中是一桩乐事,因为我们知道,在演出结束的地方我们会再次相逢。而且,这大概也是卡尔维诺作品的一大特色,即在某些时刻,他懂得并且愿意离开现实主义的领地,将内容做某种抽象化处理,以此作为表达方式,去丈量那些没有边际的领域。比如,我们会想到《看不见的城市》里的美学、《宇宙奇趣》里的场景,抑或《昏暗中》里的精彩文笔,尽管那种不真实的效果似乎仅仅是散落的、片段的、不连贯的。就像同样会出现于其中的植物图谱和植物标本,它们来自他与父母的日常相处。

卡尔维诺笔下的风景让人想到更为抽象的视觉游戏。人们脑海中会浮现利古里亚的独特地理空间,在这个空间里可以大走捷径,也可以用怪异奇特的视角观看。我们可以相信他在回应蒙塔莱的诗歌,他与这些诗共同沉浸在这样的空间维度里。这时,我们就已经处在对世界产生理性理解的阶段、处在知识的阶段了,但游戏始终让我们与真实拉开距离并敞开通往真实的路径。

* * *

我开始享受青春、团体、异性、书本,是 1938 年夏天:以张伯伦、希特勒及墨索里尼在慕尼黑会谈告终。利古里亚西部沿海的"美好岁月"结束了⋯⋯因为战争,圣雷莫弃守了长达一个世纪作为各国人种聚居地的地位(永远弃守。战后的圣雷莫变成了米兰-都灵的郊区),重振雄风的是利古里亚省一个古老城镇的原始风貌。不知不觉中,眼界亦随之改变。①

卡尔维诺在1938年到1942年这段"二战"前岁月里的人生节点,是中学学业的结束。他也是在这个时候结识了埃乌杰尼奥·斯卡尔法里——罗马的日报《共和报》的未来主编,卡尔维诺的终生好友。在卡尔维诺去世之际,这位朋友回忆了那个时期:

> 我认识他是在1938年10月……从我们在班上被安排坐在一起那天开始,三年里我们在校里校外都形影不离……他走路的方式很奇怪,走路时手臂几乎不动,摆动起来的时候很别扭,好像他不知道该把胳膊放哪儿,也不知道该用它们做些什么。他的眼睛很温柔,遗传了他的母亲。他非常幽默。他最早的创作是一些幽默的小画和连环画。他如痴如醉地读《贝托尔多》;他对戏剧着迷。他最早的文学作品是一些短小的故事,其中已经隐约浮现了那些"宇宙奇趣"。也写那种三四行的短诗。他当时最爱的作家是埃乌杰尼奥·蒙塔莱。
>
> 晚上,我们会去科尔索大街上的一家乌烟瘴气的咖啡馆,那里有一间台球室……吃过晚饭,我们坐在女皇大道的长凳上谈论上帝的存在,我们直接把上帝叫作菲利波(Filippo)。作为自由思想者的儿子,他不相信菲利波的存在,但他也并不能完全肯定菲利波确实不存在。他试图找到理由说服自己,我

---

① 对 *Il Paradosso* 的回答,引自«Opere», *op. cit.*, p. LXVI。(译文引自《巴黎隐士》,第127页。——译注)

们没完没了地讨论菲利波，谈论他绝对不可能的存在，以及他无法解释的善变（如果他存在过的话）。通常我们接下来……总是要问这样的问题：我们是谁？我们从哪里来？……

上大学后我们分开了，他去了都灵，我去了罗马。不过，我们在1943年7月25日的晚上重聚了，当时Eiar①的广播喇叭里……传来播音员的声音，宣布"贝尼托·墨索里尼骑士"下台。我们跟其他伙伴一起找来一面大旗，请大家喝酒……在那个阴暗的9月8日，我们俩也在一起，还是那个播音员的声音带来了停战的消息，这时候，跟海岸线平行的铁路上，装载着德国士兵和坦克的长长列车刚好驶过。②

随后，卡尔维诺注册进入都灵大学的农学系，他的父亲曾在该系讲授过热带农业。第二年，也就是1943年，他又注册了佛罗伦萨皇家大学农业、水文、林业学院。关于获得的总共七张证书，他说：

> 曾尝试承继家里的科学传统，但其实我心里向往的是文学，结果中途辍学。③

当时这个决定终身的选择做得并不果断，他也犹豫过，轻微动

---

① 意大利广播电视公司（Rai）的旧称。
② E. Scalfari, «Quando avevamo diciotto anni...», in *La Repubblica*, 1985年9月20日。
③ *Ritratti su misura di scrittori italiani*, in «Opere», *op. cit.*, p. LXIV.（译文引自《巴黎隐士》，第12页。——译注）

摇过,这是当时不确定的时代氛围所致:

> 直到"二战"爆发前,世界在我看来是由不同层级的道德观及习俗搭起的一座拱门,平行排列,互不抵触……在今天看来,你不得不在其中做明确抉择,其实不然。①

也许是因为缺少了一种根深蒂固的信念,卡尔维诺才既难以融入大都会的生活,也无法适应大学生活,无法消化那个时期让他躁动的焦虑。卡尔维诺的感受力在更为孤独和私密的环境下会变得细腻而精确。而与斯卡尔法里的频繁往来,让他开始关注文化和政治,并且有了自己的取向:

> 刚开始写作的时候,我是一个不怎么读书的人,我是一个字面意义上的自学者,而自学(didaxis)还有待开始。我的训练都是在战争期间完成的。我阅读意大利的出版物,比如《索拉利亚》杂志。②
>
> 慢慢地,通过和埃乌杰尼奥的书信往来,还有在夏天的交谈,我的反法西斯意识开始悄悄觉醒,在阅读中也找到了方向:你去读赫伊津哈,去读蒙塔莱、维托里尼,还有皮萨卡内。

---

① 对 *Il Paradosso* 的回答,引自«Opere», *op. cit.*, p. LXVI。(译文引自《巴黎隐士》,第 126—127 页。略有改动。——译注)

② *Italo Calvino*,与 Marco D'Eramo 的访谈,*op. cit.*, p. LXIX。佛罗伦萨的杂志《索拉利亚》(*Solaria*)发行于 1926—1936 年,主编先后为 A. Carocci、G. Ferrata 和 A. Bonsanti。当时,该杂志对意大利的文化和文学生活有着举足轻重的影响,最重要的原因是,该杂志在当权者鼓吹文化封闭的年代接受国外的实验性作品。

那些年的文学新作标志着我们接受的混乱的道德文学教育的各阶段。①

"他的政治观点逐渐确定下来……9月8日,卡尔维诺拒绝加入萨罗意大利社会共和国的军队,随后过了几个月躲躲藏藏的生活。用卡尔维诺自己的话来说,那段时间虽然孤独,但他得以博览群书,对他立志成为作家产生了很大的影响。"②他在为《热那亚报》撰写电影评论时,已经初尝了涉猎广泛的甜头,此后也一直因此受益。

1943年也是卡尔维诺初试写作的年份。他在这一年的4月到12月间写下的一系列叙事作品,后来以《在你说"喂"之前》③为标题结集出版。卡尔维诺将这些文字称作"小故事"(raccontini)④。有关它们的由来,我们在卡尔维诺青年时代的故纸堆里找到一条1943年的注释:

> 寓言诞生于压抑的时期。当人不能清楚表达其思想时,

---

① *Italo Calvino*,与Marco D'Eramo的访谈,*op. cit.*, p. LXVII.(译文引自《文学机器》,第509页。略有改动。——译注)
② M. Barenghi, *op. cit.*, p. LXVII.(译文引自《文学机器》,第509—510页。略有改动。——译注)
③ I. Calvino, *Prima che tu dica «Pronto»*, Milan, Mondadori, 1993,后收录于«Racconti sparsi», «Opere», vol. Ⅲ, pp. 633-1008(*La Grande Bonace des Antilles*, trad. J.-P. Manganaro, Paris, Seuil, 1995)。
④ 该词在中文版《在你说"喂"之前》(刘月樵译,译林出版社2015年版)的序言中被译为"极短篇"(第2页)。本书根据该词的意大利语原意及作者给出的法语释义"historiettes",将其译为"小故事"。——译注

就会寄情寓言。这些小故事反映了在法西斯行将就木之际，一个青年的政治和社会经验。①

"当时代允许的时候，也就是说，在战争和法西斯主义结束之后，他又补充说，寓言故事将不再必要，而作家可以转到其他体裁上……虽然卡尔维诺青年时代这样想，但他后来还是继续写了许多年的寓言。"②

这是一些篇幅短小的叙事作品。就其中一些来说，寓言故事（apologue）的形式可以容纳某种无意义（non-sens），这种无意义之中已经显露出卡尔维诺后来所说的"重事轻说"（understatement），即所谓的意在言外、轻描淡写，缩小表述（énoncé）的范围，尽可能为变化多端的能指提供饱满的意义。写作是表现与创造的能力，卡尔维诺在这些小故事中已经开始用这样的能力直面真正的写作行动，这个过程至关重要。在此过程中，作者用不同的方式遍览并清点了在面对再现现实与真实的诸多可能性时，自己都有怎样的态度，又有多少天分。最初，写作处在一种矛盾的境地，是一种矛盾的话语（《呼唤特蕾莎的男人》和《团结一心》便属于此种情况），直到他确定采用寓言这种意味深长的形式，才终于克服了要讲述的现实（la réalité à dire）与不可能讲清楚（l'impossibilité de la dire clairement）之间的距离。不可能的原因有时候是整体的政治氛围，也就是法西斯主义，这一点表现在《闪念》中那句揭示性的呐喊"一

---

① 译文引自《在你说"喂"之前》，"序言"，第2页。略有改动。——译注
② I. Calvino, notes, in *Prima che tu dica «Pronto»*, p. 9 (8). （译文引自《在你说"喂"之前》，"序言"，第2—3页。略有改动。——译注）

切都错了!",以及后来的《知足常富》和《黑绵羊》的故事情境中。尝试表达的不同可能最终成就了卡尔维诺的写作。但在找出那些可能性之前,他也要一次次走进写作的绝境:

> 到现在也是这样,每一次(经常)不明白某些事情时,我便会本能地生出一种希望,但愿它重新来一次,让我再次什么也不明白,让我再次拥有在一瞬间找到又失去的那种不同的智慧。[1]

我们必须从这个角度去理解他所说的"当人不能清楚表达其思想时,就会寄情寓言"意味着什么。"压抑"不仅仅是一种外在的历史条件,也是一种内在状态,一种自我拉扯的痛苦,正如《干河》中表述的那样:

> 我看到自己不可能与周围险峻陡峭、如同灰浆的世界协调一致得就像我自己就在其中一样,也不可能与那些有着一种深沉的活跃性的颜色、如同喊叫或者大笑一般的裂口协调一致。尽管想方设法在我和事物之间放入词语,但我无法找到合适的词语来包裹它们。因为我的所有词语都是生硬的,都刚刚切削出来:说出它们就好比放下许多石块一般。[2]

---

[1] I. Calvino, «Il lampo», in *Prima che tu dica «Pronto»*, *op. cit.*, p. 778 (17). (译文引自《在你说"喂"之前》,第7页。略有改动。——译注)

[2] I. Calvino, «Fiume asciutto», in *Prima che tu dica «Pronto»*, p. 797 (20). (译文引自《在你说"喂"之前》,第10—11页。略有改动。——译注)

这里所表述的困境,表面上含糊其词,但其实有着非常明确的所指,从作家摆出的这些难题中,我们既能看出他的兴趣所在,也可以预见他会去找"别的东西"。不过,当他在直接接触的环境中找到能够引路的标记之后,那个"别的东西"便又会使他动心。再看《干河》中的这段描述:

> 天色暗了。白色的碎石滩变得充满生机,许多黑点儿在跳跃。那是蝌蚪。
>
> 它们一定才刚长出后腿,它们身子很小,还带着尾巴,仿佛还不能协调地使用这不停地让它们跃入空中的新器官。每块石头上都有一只,但待的时间不长,几乎是一只跳走了,另一只便紧跟着跳到了它的位置上。因为它们同时跳跃,又因为我们顺着大河往前走,只见这一大群两栖动物,它们像一支无边的部队,所以我心中生出敬畏,好像这曲黑白交响乐,这幅中国画一样阴郁的漫画,可怕地唤起无限的概念。①

"无限的概念",一种形而上的无限,也是一种动态的无限,要将这样的无限把握为现实的外在形态,只有依据各种符号(signe)——它们是无限的组成部分,又在其中移动,使无限也在运动当中——对无限进行切分,将它细分为几何形态的空间。这是对运动的一种科学的、分析性的感知,而运动产生自并显现为一种诗

---

① I. Calvino, «Fiume asciutto», in *Prima che tu dica «Pronto»*, p. 800 (23). (译文引自《在你说"喂"之前》,第 13 页。略有改动。——译注)

性的动力(在其作用下,内在性被外化),又在多样性之中迷失,最后凝固成为一种情感。在上面的引文中,这种情感是惊惧。无水之河的意象本身提供了抽象写作的基础,但写得干瘪就会走向空洞,写得繁复又令人生厌。在《马可瓦尔多》①里我们看到了同样的意象:城市的道路被比喻成干枯的河床,建筑物被比喻为山丘。

在卡尔维诺的作品中,探讨真实是一个核心观念。在将这一概念转化为文学书写时,他尝试过对荒诞进行再现,也就是重复不确定性的游戏来获得一种自我掌控,但这种掌控是不牢靠的,远非表面看来的样子。经过这样的再现,表象即使没有立刻改头换面,也自行模糊了轮廓。如此一来,表象成为一种捏造、一种无稽之谈。

* * *

到这时为止,让卡尔维诺陷入为难的人生取舍,那些往往完全对立的二元结构,让我们能够猜到,他与父辈体系之间的摩擦终究会加剧。事态明确起来则是当行动(既是在历史中与他人的共同行动,也是在写作中更为个人的行动)终于成为可能并最终变得确定无疑之时。那便是在1944年,当现实已经不可回避:"得知年轻的共产党员费利切·卡肖内医生在战斗中牺牲之后,卡尔维诺请一位朋友介绍自己加入了意大利共产党。之后,他和十六岁的弟

---

① I. Calvino, *Marcovaldo ovvero le Stagioni in città*, in «Opere», vol. I, pp. 1065-1182 (*Marcovaldo ou les Saisons en ville*, trad. R. Stragliati, Paris, Julliard, 1979—1990).

弟一起加入了以卡肖内命名的第二分队。卡肖内指挥了滨海阿尔卑斯山脉抵抗运动,并且发起了'加里波第'进攻行动。在二十个月的时间里,那个地区发生了游击队与纳粹之间最残酷的几场战斗,卡尔维诺两兄弟也身陷其中。而他的父母尽管长期被德国人监禁并押作人质,却也展现出坚定不移的信念。"①

> 同时,德军占领了意大利中部、北部。由于青少年期所受熏陶,我自然而然加入加里波第军与游击队并肩作战。游击战就在我少年时父亲带我认识的树林中进行,在那片景色中,我对自己有了进一步的认同,对人类的痛苦世界有了初步发现。②

初次参加战斗让卡尔维诺做出了另一个重大的人生选择,也明确了自己要采取的行动:

> 我选择共产主义并没有任何意识形态支持。我觉得有必要从一张"白纸"出发,所以我始终自称为无政府主义者……我认为在那个时候最重要的是行动,而共产党正是最活跃、最有组织的力量。③

---

① M. Barenghi, *op. cit.*, p. LXVII.(译文引自《文学机器》,第510页。略有改动。——译注)
② *Ritratti su misura di scrittori italiani*, in «Opere», *op. cit.*, p. LXIV.(译文引自《巴黎隐士》,第12页。略有改动。——译注)
③ 对 *Il Paradosso* 的回答,引自«Opere», *op. cit.*, p. LXVII.(译文引自《巴黎隐士》,第131页。——译注)

这段经历后来被搬到了卡尔维诺的第一部长篇小说及其他以游击战经历为蓝本的故事中。这段经历"对卡尔维诺的人性发展起到了决定性作用……事实上,那些激励着抵抗运动战士们的精神也将成为他的精神榜样"①。他尤为欣赏这样一种精神:

> 一举克服困难,突破障碍,一种属于战士的自傲及对此自傲的自我解嘲,企图建立起实质合法的威望,又对所在处境极尽揶揄,有时带点自吹自擂、唬人的调调,不过永远不失慷慨,急于对每件事表现出豁然大度。这么多年过去了,我还是要说,若想在充满矛盾的现实环境中行动自如,这种精神,让游击队做出那些不凡之举的精神,在今天仍是独一无二的人生态度。②

这段经历相对短暂,却意味着非凡与激烈:

> 最近这一年,我的生活里波折不断……我经历了一系列难以形容的危险和困难。我进了监狱又逃跑了,几次死里逃生。可我对自己所做的一切,对我所积累的经验资本感到满意;我甚至想要更多。③

---

① M. Barenghi, *op. cit.*, p. LXVII. (译文引自《文学机器》,第 511 页。——译注)
② 答 *La Generazione degli anni difficili* 的问卷,A. Albertoni、E. Antonini 和 R. Palmieri 编,Bari, Laterza, 1962。(译文引自《巴黎隐士》,第 137 页。略有改动。——译注)
③ 卡尔维诺于 1945 年 6 月 6 日写给斯卡尔法里的信,引自 «Opere», vol. I, p. LXVIII。(中译本中,此信的日期是 7 月 6 日。——译注)

积极的影响更在于,在一个前所未有且充满骚动的历史语境下,卡尔维诺感到自己获得了新生:

> 那时我们刚经历过战争,我们这些更年轻的人——我们的年龄刚够参加游击队——并没有感到失败、挫折、煎熬,而只有当胜利者的感觉,受到战争刚刚结束时那种催人奋进的激情的鼓励,觉得自己是战争遗产的专有保管者。然而,我们并非轻易乐观,也并不无端亢奋,事实正好相反:我们要保管的是一种信念,相信生命总能从零再生,一种公众对不公的愤怒,还有我们经历折磨和失败的能力。但是,我们的重心是勇敢的快乐。①

* * *

卡尔维诺对生活的热爱在参加过战争之后并未衰减。1946年,借助国家为复员士兵提供的优待政策,他离开了农学院,直接注册了都灵大学文学院三年级,并正式定居都灵。他在一年里通过了所有考试,然后在 1947 年,也就是《通向蜘蛛巢的小径》出版的那一年,答辩通过了关于"约瑟夫·康拉德作品"的本科论文,结束了大学的学业。后来,他"略带讽刺地"②承认:

---

① 卡尔维诺于 1964 年为《通向蜘蛛巢的小径》撰写的前言,*op. cit.*, p. 1185。(译文引自《通向蜘蛛巢的小径》,"前言",第 2 页。——译注)
② G. Bonura, *Invito alla lettura di Calvino*, Milan, Mursia, 1993, p. 24.

(我)太过仓促地完成了大学学业,对此我感到后悔。但那时候我脑子里想的是别的事情:我想着政治,那时我热情地参与其中,但这件事我并不后悔;我还想着当记者,因为我那时候在给《团结报》写文章,什么主题都写。①

也是在这一时期,他决定离开故乡,在一个新的城市定居:

都灵,对我来说它是——当时也的确是——一个在劳工运动及思想风潮助阵下,优良传统及美好未来兼容的城市。②

卡尔维诺的记者事务繁忙起来,他与几家政治刊物合作:《我们的战斗》《民主之声》《加里波第人》,以及简思罗·费拉塔所领导的《团结报》在米兰、都灵、热那亚三地的出版物。他一直保留着意大利共产党的党籍,并且在因佩里亚省和都灵展开斗争活动。他也跟一些更专门化的文学类刊物合作:例如卡洛·穆谢塔主编的杂志《阿蕾杜莎》——《兵营之苦》便发表在该杂志 1945 年 12 月刊上;还有埃利奥·维托里尼主编的《综合工艺》——也是在 1945 年 12 月,卡尔维诺以一篇《贫瘠瘦弱的利古里亚》开始了与该杂志的合作,1946 年,他又在该刊物上发表了《我们会服从命令》。

卡尔维诺与切萨雷·帕韦泽成为朋友也是在 1945 年。那是

---

① G. Bonura, *Invito alla lettura di Calvino*, p. 24.
② 答 *La Generazione degli anni difficili* 的问卷,in «Cronologia», *op. cit.*, p. LXVIII. (译文引自《巴黎隐士》,第 139 页。——译注)

一场十分重要的相识,无论是从人性的层面来看——帕韦泽是最亲近的知己(alter ego)、道德操行的楷模,在很大程度上影响了卡尔维诺的性格和行事风格——还是对于卡尔维诺的作家生涯来说。可以肯定,二人的相识重新唤起了卡尔维诺对文学的热忱。他迫不及待地给斯卡尔法里写信:"'我转到了叙事体',这个以大写字母写成的消息占了整整一页,应该是非常重要的。从那个时刻开始,他的写作活动就不曾间断过,没有一天他不写作,在任何地方,在任何情况下,在一张桌子上或者在膝盖上,在飞机上或者在旅馆的房间里。"[1]写于这一时期的叙事作品有《血浓于水》《在旅馆等死》《兵营之苦》,这些文字后来都被收录在1949年版的《最后来的是乌鸦》里面。与帕韦泽密切来往的同时,卡尔维诺也跟娜塔利娅·金兹伯格过从甚密。当时,娜塔利娅也在都灵,正忙于埃伊纳乌迪出版社挺过艰难的纳粹时期后的重组工作:

> 1946年冬天,我在都灵认识了卡尔维诺,我在埃伊纳乌迪出版社走廊的一个煤炉前面碰到了他。那是一个下雪的早上,天色灰暗,在开着灯的走廊上……我和卡尔维诺站在煤炉前交谈了很久:天知道我们俩为什么不找两把椅子坐。我清楚地记得那个煤炉和外面的雪;但我记不得我们聊什么了;可能是聊他写的那些故事……我那时的偶像是海明威,我得知原来他也是卡尔维诺的偶像……卡尔维诺把他写的故事拿来

---

[1] E. Calvino 为《在你说"喂"之前》撰写的序言,*op. cit.*, p.7 (7)。(译文引自《在你说"喂"之前》,"序言",第1页。——译注)

给我和帕韦泽读。那些故事都是他手写的,字迹小巧、圆润,满篇涂改。①

关于那些故事,她补充说:

> 我们觉得很精彩。我们在故事里看到了沐浴在阳光下的节庆盛景;有些故事是关于战争、死亡、流血的,但是丝毫不会遮蔽满天的阳光;不曾有一片阴影落在那些郁郁葱葱的树林间,那里枝繁叶茂,到处是孩子、动物和鸟儿。②

他把自己最初的作品读给帕韦泽听:

> 我写完一个故事,跑到他家读给他听。他去世时,我觉得再也无法写作了,因为再也找不到那个理想读者了。③

卡尔维诺在自传性文字里多次强调,加入埃伊纳乌迪出版社不仅在工作上对他有助益,也让他认识了一些人。事后看来,他加入这家出版社似乎是顺理成章的,但这一选择首先源于与帕韦泽和金兹伯格的友谊。从接受委托进行创作开始,卡尔维诺与出版

---

① N. Ginzburg, «Il sole e la luna», in *L'Indice dei libri del mese*, II, n° 8, septembre-octobre 1985, p. 24.
② N. Ginzburg, «Il sole e la luna», in *L'Indice dei libri del mese*, p. 24.
③ «Pavese fu il mio lettore ideale»,与R. De Monticelli的访谈,in *Il Giorno*,1959年8月18日,引自«Opere», vol. I, pp. LXVIII – LXIX.

社有了一些外部接触,直到 1947 年,他才正式入职新闻广告部。埃伊纳乌迪——做个简短的介绍——1934 年由朱利奥·埃伊纳乌迪创办于都灵,即使是在纳粹统治时,这家出版社也坚守了一定程度的思想自由。它就像一块磁铁般吸引着每个意大利知识分子,这些早先因共同参与抵抗运动而团结起来的知识分子,感到必须激活一种新的文化。

在埃伊纳乌迪出版社,除了帕韦泽、维托里尼和金兹伯格,卡尔维诺还结识了历史学家德利奥·坎蒂莫里、佛朗哥·文图里,哲学家诺伯特·博比奥、费利切·巴尔博。巴尔博是活跃在共产党圈子的天主教哲学家,卡尔维诺曾同他谈起,小时候,父母希望他接受世俗化教育。他们的讨论"显然给那位利古里亚叙述者(narrateur)的意识形态和情感世界带来了'额外'的焦虑……却也是这样的讨论让维托里尼和他的《综合工艺》活跃起来,此时,这本杂志已经承担起了汇聚意大利文化界最先进的各方势力的重任,包括团结天主教势力"[①]。他们的讨论随后还将引发意大利思想界马克思主义派同天主教左派之间的论战:

> 历史学家和哲学家压倒文学家和作家,不同政治和意识形态倾向的拥护者争论不休。都灵这家出版社的如此氛围从根本上影响了青年卡尔维诺的成长:他渐渐吸收了比他略微年长的一代人的经验,这些人从十岁或十五岁开始就已经在文化圈子或政治论战里发展,曾经为了挫败法西斯主义的阴

---

① G. Bonura, *op. cit.*, p. 28.

谋战斗过,他们不是行动派,就是基督教左派或者共产党。天主教哲学家费利切·巴尔博此时正在激烈反对共产党。与他的友情对卡尔维诺来说意义深远,既对道德有所提升,也拓宽了生命的广度(而且,也正是因为卡尔维诺的非宗教观点跟他相悖)。①

* * *

如今写作却成了最悲惨、最苦行僧般的职业:我在都灵住在女佣住的冰冷房间,勒紧裤腰带等着我父亲汇来的钱,除此之外,我就只有刚刚靠撰稿赚到的几千里拉了。②

看着一粒种子,无法猜到它会长成怎样的大树。但如果树长出来了,我们面前有树枝,有树叶,有树干,能看到树叶的颜色和纹路,能听到在树上筑巢的鸟儿歌唱,这时有人又给了我们一粒被经年累月精心保存的古老种子,我们便会发现,那棵树已被装进眼前这个小小的包装袋里,看得清清楚楚。③

1946年5月,卡尔维诺开始在都灵的《团结报》开设专栏"时下之人"(Gente nel tempo),一直写到1948年:"现在看来,那个专栏

---

① I. Calvino, «Nota introduttiva» a *Gli Amori difficili*, in «Opere», vol. Ⅰ, p. 1284. 作者是以第三人称进行的自述。

② «Autoritratto di un artista da giovane», 写给斯卡尔法里的信, in *La Repubblica-Mercurio*, 1989年3月11日, in «Opere», vol. Ⅰ, p. LXIX.

③ E. Scalfari, «Quando avevamo diciotto anni…», *op. cit.*

仍是那一时期极具论战性质的一系列有趣的批评和政治干预。"[1]从那年12月开始,卡尔维诺收获了最初一批荣誉:他凭借叙事作品《采矿场》——与马尔切洛·文图里(《五分钟时间》的作者)共同——赢得了热那亚《团结报》的大奖。是时候投入更为复杂的写作了。据说,在帕韦泽-金兹伯格-费拉塔三人组的驱策下,卡尔维诺用二十多天便写出了《通向蜘蛛巢的小径》[2]:

  我记得第一章写得非常慢,而且十分迟疑。我停笔了几个月,然后决定写完它,并且一气呵成。[3]

"卡尔维诺写这部小说时,恰好蒙达多里出版社组织了一次青年作家竞赛(但卡尔维诺并未获奖)。小说1947年由埃伊纳乌迪出版社出版,多亏了帕韦泽从中协调,还为这本书写了介绍。这部作品马上获得了里乔内(Riccione)奖,并卖出了六千册,这在当时是个让人无法忽略的数字。"[4]

  表面看来,这部作品写得相当快,这大概可以部分地解释,为何章节的安排既是前后接续,又是几个故事的堆砌。比较而言,这种叙述技巧基本上是那个时代的结构特色,比如罗西里尼的电影《战火》,稍晚些才进入意大利文学史的艾尔莎·莫兰黛所著的《历史》也是这样布局谋篇的。让故事线性发展似乎无法一下子引起

---

[1] A. Ponti, *op. cit.*, p. 20, n. 19.
[2] I. Calvino, *Il Sentiero dei nidi di ragno*, in «Opere», *op. cit.*, pp. 3-147.
[3] 与C. Costantini的访谈,in «Opere», vol. I, p. 1243。
[4] A. Ponti, *op. cit.*, p. 21.

卡尔维诺的兴趣。他更喜欢写出一种混浊感（opacité），一面阻碍对事物的理解，一面揭示对事物的其他可能的再现方式和使用方式。我们在对卡尔维诺此前所写的一些短篇故事做分析时，已经看到了这种思辨性。

一开篇，卡尔维诺给人物取的名字就释放出强烈的符号意味。皮恩就是木偶匹诺曹的昵称，他的"声音沙哑，像个老小孩似的"。这个名字也跟一些连环画人物有关，特别是"黄孩子"（Yellow Kid），以及各种各样的"流浪儿"（scugnizzi）、"擦鞋童"（Sciuscià）——这些人物多来自那不勒斯或罗马，而不是利古里亚，他们有段时间经常出现在卡尔维诺取材于意大利历史的作品中。鉴于作者自己的阅读经历，我们也可以认为，马克·吐温的长篇儿童故事《汤姆·索亚历险记》或者查尔斯·狄更斯的《雾都孤儿》中的那些孩子都对他有所影响。在参与抵抗运动的亲身经历之外，卡尔维诺回收了充满想象的过往，那个世界无时无刻不在他的作品里窸窣作响，这位作者有时试图将之驯服在逻辑的框架里，有时试图将它关进结构的牢笼，但绝不会想要关上那扇想象之门。

卡尔维诺不会，或者是不想撰写一个单一取向的人物，不管是在道德层面，还是叙事层面。毕竟，故事（histoire）——以及大写的历史（Histoire）——是由种种花样（subterfuge）构成的，它们先以花哨的外形示人，接着凝固为单一的解释，由此故事/历史被塑造甚至篡改了，呈现出不同的速度与轮廓。作者一早便投入对这些塑造或篡改的狂热转写，并且不停改换着自己作为观察者和现实发明者的位置：

> 向青蛙开一枪会发生什么事：可能在石头上溅上些绿色的黏液。①

> 他期望一个人有一种想法，而那家伙想法与众不同，经常改变主意，让人难以捉摸。②

如果说这个世界是拼凑而成的，那么，各个组成元素之间的相互作用未必会强加或破坏一方相对于另一方的独立性。在皮恩的故事里，我们看到每个情境都得到了饱满而又轻盈的独立呈现，尽管每个人物都藏身在命运的暗淡褶皱与悲哀阴影之中。对于这样的命运，无法强行运用任何规律，只有回应以撕裂的欲望。

皮恩是个孤独又任性的孤儿，据说在皮匠彼埃特罗马格罗手下学修鞋。他生活在1944年的里维耶拉西海岸，这里地处一个海滨老城和靠近法国的内陆地区之间。出于某些原因，他不怎么跟自己的同龄孩子接触，而只跟成人来往。他对这些看起来既陌生又神秘的成人的生活感到着迷：

> 母亲们说得对：皮恩只会讲男女之间在床上的故事，被杀男人和被捕男人的故事，大人们教给他的故事，尤其是大人们之间讲述的寓言故事，假如皮恩不添油加醋，不加一些大家听不懂猜不到的事情，这些故事听起来也很美。

---

① I. Calvino, *Il Sentiero dei nidi di ragno*, op. cit., p. 23 (40).（译文引自《通向蜘蛛巢的小径》，第22页。——译注）
② I. Calvino, *Il Sentiero dei nidi di ragno*, op. cit., p. 32 (52).（译文引自《通向蜘蛛巢的小径》，第33页。——译注）

于是,皮恩只能留在大人的世界里,尽管大人们也不欢迎他,大人对他来说和对别的孩子一样,是不可理解的,是有距离的,但是,利用他们喜欢女人和惧怕宪兵的心理,开他们玩笑也很容易,直到他们玩累了和要打他的后脑勺时为止。①

皮恩的姐姐丽娜②是个妓女,花名"黑女人"。受到几个在酒馆认识的男人的怂恿,皮恩(既是挑衅,也为了好玩)在姐姐的住处偷了一个经常来找姐姐的德国水兵的手枪。这样一个东西马上变得既金贵又刺激,皮恩决定将它藏起来,藏在一个只有他知道的地方,去那里的路便是"通向蜘蛛巢的小径":

手枪还留在皮恩那里,皮恩不给任何人,也不告诉别人说他有。只是想让大家明白他有一件可怕的东西。大家必须服从他。有真枪的人应该做一番惊人的游戏……还有些路只有他认得,别的孩子也急于想知道:有一个地方,蜘蛛在那里筑巢。这地方只有皮恩知道,整个山谷,也可能是整个地区就这么一个地方。除了皮恩以外,别的孩子都不知道蜘蛛筑巢这件事……蜘蛛在草墙中筑巢,这是些小洞,周围糊有干草,令人惊叹不已的是这些巢都有一个小门,也是干草糊的,圆圆

---

① I. Calvino, *Il Sentiero dei nidi di ragno*, op. cit., pp. 10-11 (22). (译文引自《通向蜘蛛巢的小径》,第8页。——译注)
② 要注意意大利语中"Rina"(丽娜)和"rana"(青蛙)——这一反复出现在《通向蜘蛛巢的小径》中的动物——之间的谐音,同时,"黑色"呼应了(前文中援引过的)《干河》中的蝌蚪。

的,可以打开和关闭。①

回家时,皮恩意外遇到了几个德国巡逻兵和法西斯分子,而他身上还带着偷来的手枪的皮带。德国官兵试图让他说出赃物藏在哪里,但没有成功。于是他们把皮恩关进了监狱。在监狱里,他的梦想成真了:他认识了红狼(Lupo Rosso)。红狼是比翁多(Biondo)支队的年轻游击队员,他的勇敢坚毅使他成为当地传说的英雄:

> 红狼!谁没听说过呢?法西斯分子遭到袭击,司令部大楼里发生爆炸,每次奸细失踪,人们都会偷偷说出一个名字:红狼。皮恩还知道红狼十六岁,原先在"托德特"工厂当机械工……他总是戴着俄式帽子,总是谈论列宁……他上山了,夜里下山进城,俄式帽子上有一颗白红绿三色星,随身带着一把大手枪,留着长发,人称红狼。②

他们一起逃了出去。但是皮恩感到失望,因为红狼想知道通向蜘蛛巢的小径怎么走,好将手枪拿到手。后来,年轻的游击队员离开了。皮恩在树林里游荡,遇到了德利托(Dritto)支队——跟比翁多支队一样有名——的一个人。这人就是表兄(Cugino),是小说里的一个重要人物。他恨透了女人,因为他的妻子向德国人揭发

---

① I. Calvino, *Il Sentiero dei nidi di ragno*, op. cit., pp. 22–23 (39–41).(译文引自《通向蜘蛛巢的小径》,第22—23页。——译注)
② I. Calvino, *Il Sentiero dei nidi di ragno*, op. cit., p. 34 (55–56).(译文引自《通向蜘蛛巢的小径》,第35页。——译注)

了他,使他迫不得已加入了游击队:

> 那人拉着他的手。这是一只大手,又热又软,像是面包做的……他不会长篇大论,皮恩喜欢和他一起静静地走路。说实在的,他有点怕这个夜里一个人去杀人的人,但这人对他很好,还保护他。好人总使皮恩感到尴尬:不知道怎么对待他们,想气他们一下看他们怎么反应。[1]

皮恩跟表兄在一起时认识了曼齐诺,这人身边总是跟着猎鹰巴贝夫和他的妻子吉里雅,他们都是德利托支队的成员。这个支队里的人形形色色,几乎都是边缘人。他们是些"小偷、宪兵、军人、黑市交易者、流浪汉。这些人在一起成为社会的弊端,在扭曲中挣扎。他们没有任何东西要保卫,没有任何东西要改变。他们或是身体有缺陷,或是固定不变,或是狂热着迷"[2]。吉里雅跟德利托睡觉,皮恩偷窥到了她跟首领偷情;吉里雅和曼齐诺之间的关系因此恶化。他们的争吵让皮恩觉得有趣,那些被罚出征后归来的游击队员同样让他感到兴奋,尽管这些人看起来不如皮恩所想象的,而更像是《黄金骑士》[3]。在德利托的营地,皮恩重遇红狼,原来

---

[1] I. Calvino, *Il Sentiero dei nidi di ragno*, op. cit., pp. 54-56 (85-87).(译文引自《通向蜘蛛巢的小径》,第59—61页。——译注)

[2] I. Calvino, *Il Sentiero dei nidi di ragno*, op. cit., pp. 105-106 (161).(译文引自《通向蜘蛛巢的小径》,第119页。——译注)

[3] 《黄金骑士》(1966)是马里奥·莫尼切利的影片,讲述了一群乞丐假想征服领土的故事。由维托里奥·加斯曼、凯瑟琳·斯巴克和吉安·马里亚·沃隆特主演。

红狼离开他是为了准备一次紧急行动。因为道德观念不同,红狼与德利托营地的抵抗分子保持着距离。皮恩留在营地上,他在那里感到自在,他为那里的人唱歌,帮曼齐诺做饭。后来,这些拥有敌人的人,他们的生活让皮恩产生了近乎哲学的困惑,他还不习惯思考这样的问题:

> 有敌人,对皮恩来说,这是新的、陌生的含义。在小街里白天黑夜都有喊叫、争吵、男人和女人的恩恩怨怨,却没有敌人的苦涩想法和夜里不让人睡觉的愿望。皮恩还不明白"有敌人"是什么意思。对皮恩来说,所有人既有某种像蛔虫一样令人厌恶的东西,也有某种吸引人的好的热情的东西。[①]

显然,皮恩不知该如何选择:无论是在德利托和红狼之间选择,还是在人类善良的一面与恶心的一面之间选择。皮恩的各种欲念是生命力使然,他总是根据即时的需要做出选择。他所有的行动都基于审时度势,而非来自深思熟虑。

在构成皮恩的生活圈子的那群人中,最吸引他的是佩莱,因为佩莱对两样事情充满热情:他跟城里的所有女孩和妓女睡觉,他对武器十分了解。从佩莱发出可恶的挑衅那一刻开始,他对皮恩的吸引-排斥便有增无减:佩莱什么都能找到,他将会在通向蜘蛛巢的小径上找到皮恩的手枪;不过这件事目前只停留在互相挑唆的

[①] I. Calvino, *Il Sentiero dei nidi di ragno*, op. cit., p. 68 (106). (译文引自《通向蜘蛛巢的小径》,第76—77页。——译注)

阶段。一场火灾后,营地换了新地方,皮恩继续帮曼齐诺干活,也在丛林中度过了人生最明媚的时光:

> 皮恩唱着歌,看着天空,早晨的世界真清爽,五颜六色的山地蝴蝶在草地上自由地飞来飞去。曼齐诺每次都不耐烦,因为皮恩总是……满嘴草莓汁、看够了飞舞的蝴蝶回来……①

德利托对皮恩表现出了近乎父亲般的友善,还教会皮恩如何拆卸和擦洗手枪。男人们安营扎寨,等着晚餐做好,谈论着政治、历史、社会。他们说起意大利历史上宪兵跟学生之间的一场战斗。不过似乎每个人都有这样的疑问:为什么会参加抵抗运动?为什么会支持共产主义?贾钦托信誓旦旦说自己跟抵抗运动指挥部联系紧密,同时在这些狂热分子中间似乎有一种等级意识。他解释说,他参加武装斗争是为了共产主义胜利的那一天,共产主义就是交换和共享。

这时,司令费烈拉(一位工人)和政委吉姆(大学生)来了。对前者来说,游击战是跟机器一样精确、完美的事物,他对革命的渴望形成于工厂,如今延续在大山之间。吉姆恰好相反,参加战斗是因为渴望逻辑、渴望因果之间的确定性,因为这些能够回答他积压在头脑中的所有悬而未决的疑问。他对人类感兴趣,因此他学习医学,渴望成为精神病学专家,因为他知道,对于一切的解释都藏

---

① I. Calvino, *Il Sentiero dei nidi di ragno*, op. cit., p. 88 (134). (译文引自《通向蜘蛛巢的小径》,第99页。——译注)

在那一堆运动的细胞之中,而不是在哲学范畴之中。

吉姆宣称他们中有一个人,也就是佩莱,曾独自与法西斯部队见面,他的告发让四位同志被枪毙了;城里的红狼此时正在组织对佩莱的征讨。皮恩突然想到他的手枪。时间紧迫,因为他必须准备好第二天投身与德国人的战斗。将命令下达后,费烈拉和吉姆长篇大论地讨论起各自的价值立场,评估大家在他们所领导的战斗中的表现和意识。费烈拉认为,必须给还没有阶级意识的人灌输阶级意识,这样才能达成团结。吉姆认为事情要更复杂:他们每个人赋予行动的意义都是个体的,不可能汇聚成为一致的理想。他们中有农民、工人、学生,每个人都有自己要去解释的符号、神话和中国皮影。[①] 最后,吉姆对此番讨论总结道,在法西斯部队和抵抗部队之间不存在选择,因为二者是一回事:

> 是完全相反的同样一回事,因为在这里是正确的,在那里就是错误的,在这里解决了某个事情,在那里就强化压迫……压在我们所有人……身上的负担……都发泄在射击,发泄在被打死的敌人上,这和使法西斯分子射击的疯狂是一样的,这疯狂使他们用纯化和解救的同样希望去杀人。于是,就有了历史。在历史上,我们是解救的一方,他们是另一方。我们这方,什么也不会失去,不管是行为还是射击,尽管和他们的相同……另外一部分是失去的行为、无用的疯狂,尽管曾胜利

[①] "玩一种使头脑畸形的调换位置的游戏,其中每件事或每个人都变成了一种中国皮影、一种神话,你懂这些吗?"译文引自《通向蜘蛛巢的小径》,第 118—119 页。略有改动。——译注

过,但还是失去了,无用了,因为不能成为历史,对解放无用处,只能用来重复和延续那种疯狂与仇恨……我认为这是我们的政治工作。还要利用人类贫困,利用它来反对人类贫困,获取我们的解脱,就像法西斯分子利用贫困来延续贫困,利用人来反对人。①

显然,吉姆与皮恩就是雅努斯(Janus)的两面:他们对世界的理解是一致的,他们都把握住了世界的整体性,只不过这种整体性之所以存在,是因为它碎裂并扩散为多种多样的感觉、印象和思考。他们用同样的眼睛看待同样的事物,并做出同样的反应:皮恩的行动出于本能,他的感受是天然的,难以琢磨,既带着情绪和即时的念头,又带着草莓的汁液与蝴蝶的振翅;吉姆的行动是为战争精心筹谋过的,但在面对自己的孤独时,他又发现,现实和逻辑会衍射在某种难以理解却又能与他沟通的东西上。

在描述吉姆的那几页里,我们应该能够发现有一段作者本人的回忆(批评界当然注意到了这段文字,对于一个叙述者"我"的插入,批评界的评价通常都是负面的,他们认为叙述者的这番话带有蛊惑性)。如果说这段回忆性文字没有明显标记的话,对吉卜林的影射便是给我们的提示。一个一分为二的人物:一个是即使面对死亡也永远长不大的木偶,因为他心里清楚,他不死的奇迹在于做成自己的材料;另一个是丛林符号的解读者,半英格兰半印度血统

---

① I. Calvino, *Il Sentiero dei nidi di ragno*, op. cit., pp. 106 - 107 (162 - 163).(译文引自《通向蜘蛛巢的小径》,第 120—121 页。略有改动。——译注)

的孩子和他的红衣喇嘛(Lama-Rouge)——他四处找寻能净化一切的河,编织着自己的波德莱尔式通感(correspondance)。但他也知道,其实是自称符号解读者之人自己写下了符号,借由对真实进行这样的转写,他获得了相对于历史的独立性,历史将使他不朽或者死得与众不同。这些不仅仅是头脑中的小把戏,也是做出重大决定的根据,比如能够得出这样的结论:我们什么都不懂,是因为我们知晓一切。

我们的头脑中也充满奇迹和魔力,吉姆想。他不时地觉得好像走在一个符号的世界里,就像小吉姆在吉卜林的那本令年轻人百读不厌的书中的印度一样。

"吉姆……吉姆……谁是吉姆?……"

……他的思想是合乎逻辑的,可以透彻地分析每件事情。但他不是个平静的人……可能有那么一天所有人都是平静的人。我们不再懂许多事情,因为我们一切都懂了。[1]

此时再次呈现出的整体性并非一种统合的一致性。要把握它,只能通过我们向那数不胜数的、由虚无和微小短暂的事物构成的一切投去的目光。近看,远看,分析与综合,这样的游戏证明,在分析精神与综合精神之间不需要做出选择就能得出辩证的结论,

---

[1] I. Calvino, *Il Sentiero dei nidi di ragno*, op. cit., p. 108 (164-165). (译文引自《通向蜘蛛巢的小径》,第122页。——译注)

因为两条路通往同样的认知和表达结果。① 皮恩和吉姆代表了同一人物形象的两种形式一致的表达,他干脆而固执地拒绝走上那条看起来没有因奇迹发生而不断分岔的小路,他们走的路应该是妙不可言因而值得被言说和书写的,应当是绝对多义的(polysémique)。因此,皮恩的蜘蛛巢代表着不存在的终点,而吉姆的头脑——他自己的蜘蛛巢——中激荡的,则是没有终点的思想,在这场思想之旅中,他发现了一切,又什么都没有发现。二者之间形成了一种换喻式的(métonymique)呼应。

吉姆离开营地后,皮恩的样子和他的狂热还历历在目。他也想到了表兄和叛徒佩莱,想到了他对阿德利亚娜的爱情。他想到自己走的每一步,他的每一步都是历史,因为历史,即使在那些重大时刻,也是由不起眼的小动作组成的。在营地,不知道出于什么邪恶的理由,德利托不允许皮恩参加对德国人的讨伐。皮恩只能眼睁睁看着吉里雅与生了病且不愿出征的首领嬉闹调情。他也只能去埋了可怜的猎鹰巴贝夫,因为它那个上了当的、绝望的主人曼齐诺拧断了它的脖子,看起来像是为赎罪而进行的献祭,其实意味着幻觉的终结:在这个凝重的悲伤时刻,皮恩多想让这只鸟重新飞起来。突然爆炸声传来,这表示对敌人的讨伐正按计划进行。

战斗伤亡惨重并以撤退告终,但他们并不是输了。德利托的人中,只有白铁工人贾钦托死了,连身上的虱子都抛弃了他。皮恩

---

① 贡布罗维奇的《费尔迪杜凯》(*Ferdydurke*)中有一些精彩篇章也提出了同样的问题。[维托尔德·贡布罗维奇(1904—1969),波兰小说家、剧作家和散文家。——译注]

遇见了从前小酒馆里的一个伙计,并从他那里得知了城里的最新消息:他的姐姐主动献媚,完全投靠了纳粹,她神气地穿着丝绸,供出了游击队员和抵抗分子的名单。红狼来了,讲起他们如何设陷埋伏——简直可以拍成一部美国悬疑片,片中他让佩莱落入陷阱。佩莱死后,人们还在他家里搜到了军火。皮恩担心起他的手枪来,但他那支有名的 P.38 不在那堆军火里。他有一阵子感到非常难过,在头脑里回想了一遍在这段历险中谁与他亲近,唯一跟他合得来的人就是表兄,高大、温柔、严厉的表兄,可是他不在这里。皮恩只好用哗众取宠的方式来放松自己,而描写这段情节的文字也意外变得轻松起来。情况变糟了:皮恩逃离了兵营,这时两个带着武器的人来找德利托,要带他去找费烈拉和吉姆汇报。

皮恩从此孤身一人了,他坐在山顶,意识到离开兵营是一件无法回头的事。他一边等着更好的日子来临,一边走上了那条神奇的小径:

> 皮恩回到自己的小河旁。夜幕降临,青蛙稀少,黑色的蝌蚪使井水震动。往上就通到蜘蛛筑巢的小径。从这里过了到芦苇地,这是一个神奇的地方,只有皮恩知道。这里,皮恩可以奇思怪想:变成国王,变成神。①

可是,应该有人去过那里了,应该是佩莱。皮恩认不出藏枪的地方了,他为丢了手枪而哭起来。怎么办?他在姐姐丽娜家里找

---

① I. Calvino, *Il Sentiero dei nidi di ragno*, *op. cit.*, p. 141 (212). (译文引自《通向蜘蛛巢的小径》,第 161—162 页。略有改动。——译注)

到了他的 P.38,是佩莱为答谢姐姐的服务送给她的。皮恩拿上手枪,逃进夜色之中,却神奇地遇见了表兄:

> 这真是个神奇的地方,每次都有奇迹出现。那支手枪也很神奇,像魔棒一样。表兄是个大魔术师……
> "蜘蛛筑巢,皮恩?"表兄问道。
> "全世界只有这里蜘蛛筑巢。"皮恩解释道,"我是唯一知道这个的……"①
> 他们行走在乡间。皮恩把手放在表兄那只像面包一样又柔软又暖和的大手里。
> 黑暗中有星星点点的亮光,那是盘旋飞舞在篱笆上的萤火虫……
> "靠近看萤火虫,"皮恩说,"它们也令人恶心,淡红色的。"
> "是的,但这样看很美。"表兄说。
> 他们继续走着,大人和孩子,在黑夜中,在萤火虫的飞舞中,手拉着手。②

* * *

我们之所以用这么多篇幅来分析《通向蜘蛛巢的小径》,是因为我们通过这部处女作可以发现卡尔维诺创作中的一些常见要素。如

---

① I. Calvino, *Il Sentiero dei nidi di ragno*, op. cit., p. 144 (217).(译文引自《通向蜘蛛巢的小径》,第 165—166 页。略有改动。——译注)
② I. Calvino, *Il Sentiero dei nidi di ragno*, op. cit., p. 147 (221-222).(译文引自《通向蜘蛛巢的小径》,第 169—170 页。略有改动。——译注)

果从一篇文章到另一篇文章,更确切地说,是从一个系列——通常是按时间顺序结集成册的——到另一个系列,卡尔维诺在构思和风格上确实有所变化,那么我们同样看到,卡尔维诺在这部以一个孩子为主人公的小型史诗里所使用的讲述结构,是荷马式的单曲-独唱(mélopée-monodie),这种结构在作者的故事(récitatif)时期要比叙事(narratif)时期更为常见。比如,在描述人物,尤其是人物的癖好、行为、口头禅的时候,经常有一些具有韵律感的节奏反复出现,这种写法的效果不在于强调人物对自我的认识,而只是制造出史诗合唱般的抑扬顿挫感:"作者仿效荷马式的通俗节奏也不是秘密,他在一篇有名的文章里曾经提到过'反战主义者荷马',尽管卡尔维诺的世界观决定了他不会写出集体的史诗。"[1]因此,对于皮恩多次唱起的民间歌曲,作者不是简单一提,而是附上了歌词全文,显然是有意为之了。这一基本模式或许受到了罗伯特·路易斯·史蒂文森的《金银岛》的启发,但是追溯其来源并没有那么重要。我们要着重指出的是,卡尔维诺从一开始写作就偏爱一种更近似于诗歌而不是经典叙事的结构,其特点是用口头表达的时间组织故事的发展。正如浸淫在美国文学生活里的赫尔曼·梅尔维尔和T. S. 艾略特那样,这种引语游戏十分重要,它突显出作者不想抹除自身文化根源的痕迹的意愿。

卡尔维诺在同龄作家中有一个优势,那就是他受过更好的教育。他的文学养分不仅跟我们一样来自海明威、斯坦贝

---

[1] C. Benussi, *Introduzione a Calvino*, Rome-Bari, Laterza, 1991, p. 12. 引文中所说的文章发表于1946年11月15日的《团结报》。

克、福克纳、萨特、维托里尼。他对文学的了解十分深入,他了解伟大的俄国文学、英国文学、法国文学、意大利文学,他还有科学的心智。我们从他的写作中感受到的,除了用第一部小说就震惊了评论界的叙事天才之外,还有深厚的文化底蕴。①

在《通向蜘蛛巢的小径》中,故事情节其实没有任何递进,只有一些断断续续发生的琐碎之事。被讲述的故事仅仅由点点滴滴的平庸却残酷的日常构成,但它又是个异乎寻常的故事,因为这样的故事一个人一生只能经历一次。正如赫克托耳和阿喀琉斯的故事,他们有各种感受和想法,这些不会使他们的本质发生任何变化,但至少表明他们是活生生的。所有那些小动物(青蛙、蜘蛛、蝌蚪、跳蚤、萤火虫,完全没有大型动物②的身影)遍布整个故事,它们

---

① P. Spriano, *Le Passioni di un decennio*(*1946－1956*), Milan, Garzanti, 1986, p. 13.
② 动物主题——从吉卜林到华特·迪士尼——在卡尔维诺的作品中占有十分重要的地位:"比基尼岛上的那些羊和身陷上一次战争中的动物应该做何感想?它们怎么评判我们这些人类?在那些时刻,它们也有自己的逻辑,它们的逻辑是不是更加朴素,甚至——我会说——更加人性?是的,我们欠动物一个解释,即使无法做出补偿……我们应该请求它们原谅,如果我们曾赋予这样或那样意义的世界也是它们的世界,如果我们那些跟它们毫无关系的事连累了它们。"卡尔维诺于1946年11月17日发表在皮埃蒙特的《团结报》上的这番评论,针对的是正在加利福尼亚进行的纪念比基尼岛核试验牺牲的山羊的官方仪式。"卡尔维诺一针见血地指出了犯下无意识罪行的人类与承受无妄之灾的自然之间、去人性化的文明世界与基本的动物性-人性之间存在的脱节,讨论了人类的理性与动物的非理性之间的对立,对现代人的理性及其投射出的进步主义张力释放了最初的不信任的信号。"(G. C. Ferretti, «La collaborazione ai periodici», in *Atti del convegno internazionale su Italo Calvino*, Milan, Garzanti, 1988, p. 42.)

的作用在于突显出有机生物的生命力,在某种意义上,它们的生命力要强过人类。这些小动物同时在小说内部形成一个巨大的平行世界(parallélisme):故事,大写的历史,是由这些微不足道的小事物构成的,正如要理解人类就必须以人体内的微生物作为参照,它们与人类共存,而不是站在人类的对立面。于是我们看到一个宏大的画面,它是卡尔维诺小说的基础:我们看不清其中的集群(masse)、整体(ensemble)——也就是综合(synthèse)——的本来面目,只能通过描写它们的蠢动来言说它们。在小说中,只有皮恩清楚知晓这一真相,他把这个真相,也就是蜘蛛巢的所在藏于脑海之中;而吉姆近乎说破了这一真相,于是他成了人物之中的人物。

* * *

说故事情节并无递进,是因为讲述故事是为了勘察一片疆域(territoire)——既指地理上的,也指历史上的,因此也可以说是勘察这片疆域的文化,并且用一个名称、一个词语为构成它的每一样东西命名。卡尔维诺的故事新颖,就在于他对事物(chose)如此用心——仿佛他在描述的是一个全新的世界——也在于他让这些事物发生相互作用的方式。而且,他的用心恰逢其时,因为当时是理解意大利的一个绝佳的历史时机,卡尔维诺鼓起勇气用他的语言回应了那些未被说出、无法表达的期待。尽管表面相似,我们所在的世界却并非帕韦泽那个十分诗意的世界,那是宿命的世界,在无力摆脱命运轮回的心理主义(psychologisme)褶皱中郁郁寡欢。我们也不在维托里尼的世界里,他的世界是由没有答案的问题构成的,密闭在一种神秘的、卫道士般的写作之内。跟卡尔维诺相比,这两位作者如同风景大师(paysagiste),在窃窃私语中几近无声,他们孜孜以求的基本上还是对抵抗运动的全面历史叙述,新现实主义的各种表达方式大部分都来自他们的培育。卡尔维诺让我们感到新鲜,恰恰在于我们在他的小说里没有发现他对传统模式的忠诚。这种传统模式带有曼佐尼的影子,常见于同一时期的其他作家笔下,他们最为关心的是尽可能逼真(vraisemblable),尽可能做历史的见证人。

如果说卡尔维诺也有他关心的事,显然,从最早的作品开始,他关心的就是证明写作具有一种单纯的力量,能够表达所有直观可感而又不能立即被理性化的东西。不过,这样的表达方式直接将叙述行为(narration)及传统的讲述故事放在了次要位置上,使二者在选择次序里处于劣势。卡尔维诺的作品里没有某种模式,有的是对经过人生体验和智性经验过滤的各种模式的模仿(mimesis)与转换的工作。无论从数量上看,还是从转换的结果来看,这项工作都是不可思议的。他过于频繁地列出自己的阅读清单,因而我们有必要做出提醒:在被动的文化获取的意义上,他并不依附任何一种模式。

阅读经验和生活经验不是两个分裂的世界,而是一个整体的世界。每种生活经验,一旦需要得到适当的诠释,就必然会依赖你的阅读经验,然后再融入其中。任何书本都是从其他书本衍生出来的,这条真理只是在表面上与另一条真理相对立,即书本是从实际生活以及人与人之间的关系中衍生出来的。①

对卡尔维诺来说,文化是一种超越的结果,这使他拒绝对事件进行客观再现。我们已经知道,那种客观性只可能是幻觉;而他的操作是从人为制造,即写作(écriture)开始,因而更易产生幻觉,他对此也坦然接受。在此意义上,《通向蜘蛛巢的小径》跟卡尔维诺的其他作品一样,是精心构建的结果:"并非一个孩子讲述了一个新鲜、质朴的故事,而是一个知识分子精心构造了这个故事,他想让人们如同第一次看世界那样看到这个世界。他雄心勃勃,因为他似乎以帕韦泽式的神话诗意为目标,让作品达到一种'永恒标准下的绝对价值,正因为这个价值固定不变,它才不断焕然一新(ex novo),呈现出多意的、象征性的面貌'②。他选择将这一野心系于顽强不屈的民众,在被谈论得最多的这段国家历史中,他们是主人公。这意味着作者希望通过对比(contraste),而不是道德说教,呈现人们在认识自我、认识自己与他人的关系时所遭遇的困难。这位知识分子不会说应该做什么,他只是描绘他的所见,从而激发思考。"③

* * *

如果说故事在叙事层面并无递进,那么皮恩这个人物却一直

---

① 卡尔维诺于1964年为《通向蜘蛛巢的小径》撰写的前言,*op. cit.*, pp. 1194-1195。(译文引自《通向蜘蛛巢的小径》,"前言",第14页。——译注)

② C. Pavese, «Del mito, del simbolo e d'altro», in *Letteratura americana e altri saggi*, Turin, Einaudi, 1946—1969, p. 300.

③ C. Benussi, *Introduzione a Calvino*, *op. cit.*, pp. 10-11.

在跳来跳去——字面意义上的。他用他的思维模式和表达方式展现了他身处的这片利古里亚风景的地貌,甚至拓展了这片风景,因为他触及了这片土地的所有边界:别处是一个神话的维度,如黄金国(eldorado)般不可企及,对皮恩来说别处并不存在,那不是他的领地。他在高高低低的城市和乡村(城市与乡村看似对立,实则互补)之间来来回回,轻松得出神入化。虽然说城市看似灾难发生之地,却也是这个孩子获取所有必要知识的地方。乡村只不过是个虚假的天堂,能让皮恩重构一些城里的场景。比如在那条小路上,他能够杀死任何他想杀的蜘蛛和昆虫,还逍遥法外,而在城里他谁都杀不了。在城乡之间的来回转换中,卡尔维诺的游戏构造又出现了,俯视或仰视的风景被搬到了纸上的字里行间,同时跃然纸上的还有孩子的游戏。在高处看风景,一切可被尽收眼底,极目远眺,细节都被缩小到极致。这越发让人想到托儿所,想到平面测绘模型。最后,我们终于把握住了一个由方块和曲线构成的整体。

皮恩满肚子都是花样,脑子一直在转,而他说的话也带有运动的力量。他的舌头灵活,说出的话都是"有色的",那些句子就像烟花一样,是一种既自由又极具分寸的谈话艺术。甚至皮恩说出的句子都是跳跃的表达,因为

文学批评的另一个主题就是语言-方言的问题。在此,这个问题还处于初步阶段:凝结的方言犹如地方色块(在我后来的作品中,我尽量把方言吸收在语言中,作为一种生命血浆,然而是隐蔽的);这种风格并不均匀,有时稀薄得几近珍贵,有时又自然而然流淌出来,专注于表达的即时性;这一切

变成了一种记录文献(包括地方传说和歌谣),几乎接近民间性的……①

有了皮恩,卡尔维诺便已创造出了意大利文学中独一无二的人物。他快活、幽默,有无穷的好奇心。他的身影贯穿了直至《帕洛马尔》的所有作品,那位帕洛马尔即使一把年纪了,还不停地从一颗星球跳到另一颗星球。

如此看来,《通向蜘蛛巢的小径》是这个人物参加抵抗运动的故事。我们跟随他从高处开始的视角听完了这个故事:"卡尔维诺的笔下有只灵巧的松鼠,它爬到树上不是因为害怕,而是为了好玩。在它眼里,游击队员的生活如同一部森林寓言故事,熙熙攘攘、花花绿绿、'与众不同'……故事有阿里奥斯托的味道。不过,我们时代的阿里奥斯托叫作史蒂文森、狄更斯、涅埃沃,并且他们十分喜欢乔装成孩子。"②卡尔维诺在该小说的1954年版前言中转述了帕韦泽的这番评价。娜塔利娅·金兹伯格的评价则更为全面:"从一开始,他的风格就是简洁而清晰的;多年后结成了一颗纯净的水晶。从清新、通透的文风中,现实以纷杂、变幻、五光十色的面目出现。这是一种节日的感觉,是这个时代里一道奇迹般的阳光,因为这个时代的写作通常是一件严肃、凄惨、拮据的事,在人们试图讲述的那个世界里,只有迷雾、雨水和灰烬。"③

---

① 卡尔维诺于1964年为《通向蜘蛛巢的小径》撰写的前言,*op. cit.*, p. 1190。(译文引自《通向蜘蛛巢的小径》,"前言",第8页。——译注)
② C. Pavese, in *Letteratura americana e altri saggi*, *op. cit.*, pp. 273–274.
③ N. Ginzburg, «Il sole e la luna», *op. cit.*, p. 24.

在上文提到的前言中,卡尔维诺试图针对一些批评为自己的观点做出辩护。让他感到尤为遗憾的是,人们最后

> 要求《通向蜘蛛巢的小径》是——在叙述抵抗运动的作品普遍匮乏的情况下——"那个有关游击队战斗的小说",要求它不能仅仅是一个情节曲折的"流浪汉"(picaresque)故事,故事里充满坎坷,而人在历险中总能交上好运,还一直表现得信心十足。①

在当时的历史背景下,最为严苛的批评是指责他背叛了历史现实主义,后来,维托里尼的评价部分化解了这个问题。显而易见的是,卡尔维诺十分在意人们对《通向蜘蛛巢的小径》的评价和历史解读,因为1964年——正值他文学生涯的中间阶段——作品再版之际,他又主动写了一篇很长的精彩序言,本书已经多次引用过其中的文字。在这篇序言中,卡尔维诺借海明威的《丧钟为谁而鸣》、巴别尔的《红色骑兵军》和法捷耶夫的《毁灭》,向我们清楚解释了他如何构建人物:

> 这些书构成了《通向蜘蛛巢的小径》的背景。但是在一个人的青年时代,他每读一本新书,就像张开一只面向世界的新眼睛,改变以往的视觉经验或由阅读而来的认知。在我渴望建立的新文学思想中,有一个空间,要让我从小就着迷的所有

---

① I. Calvino, *Il Sentiero dei nidi di ragno*, 1954年版前言, in «Opere», vol. I, p. 1207.

文学世界复活……这样,我就开始写像海明威《丧钟为谁而鸣》那样的小说,也想写像史蒂文森《金银岛》那样的书。

马上理解这点的是切萨雷·帕韦泽……是帕韦泽第一个向我谈起我作品中的童话笔调,在这之前我尚未意识到这一点,从那以后,我开始注意并尽量确认它的定义。我的文学道路开始显现出来,现在我发现,一切元素都已包含在那最初的开始中。①

更值得注意的是他在最后传递的信息,那是他对一个时期的阶段性总结:

今天我能就它说些什么呢?我要说:最好从来不要写第一本书。只要一个人还没有写他的第一本书,他就拥有自由。写作者一生中只能享用一次这样的自由。第一本书将给你下定义,而在现实生活中你还远没有被定义。这个定义你将背负一辈子,你将尽力去确认它,或加深它,或修正它,或否认它,但永远不能不去面对它……写就的一本书永远也无法补偿我因它而毁掉的东西,即那些经验,如果它们被我珍藏一生,或许能帮助我写成我的最后一本书。虽然,那些经验只够我写第一本书。②

---

① 卡尔维诺于1964年为《通向蜘蛛巢的小径》撰写的前言,*op. cit.*, p. 1196。(译文引自《通向蜘蛛巢的小径》,"前言",第15—16页。略有改动。——译注)
② 卡尔维诺于1964年为《通向蜘蛛巢的小径》撰写的前言,*op. cit.*, pp. 1202-1204。(译文引自《通向蜘蛛巢的小径》,"前言",第23—25页。略有改动。——译注)

＊＊＊

《奥德赛》究竟是什么？是关于回家的神话……《奥德赛》，是关于9月8日的故事，是历史上每一个9月8日的故事：必须想方设法穿过遍地敌人的国度回家去。[1]

1948年，卡尔维诺暂时离开埃伊纳乌迪出版社，与共产党日报《团结报》的都灵编辑部及其旗下周刊《重生》开始合作。在1946—1948年这个时期，作家卡尔维诺必须做出一些重大的个人选择，因为游击战和抵抗运动所倡导的社会模式陷入了危机：政治上，左派同盟已经在1947年5月被政府除名，又在1948年4月18日的大选中失利，此时中右派同盟得势，卡尔维诺跟大多数共产主义知识分子一样，都以更偏意识形态的方式展开干预行动，以此应对斯大林主义、麦卡锡主义等极端社会政治思潮及冷战格局的确立。"除了叙事性文字，撰写报刊文章、以散文进行干预发声，是卡尔维诺作为知识分子从战后最初的几个月到50年代中期所选择的路线。对于这个年轻的共产主义者来说……这几年里他只能全身心思考一件事，那就是在仍旧承受着法西斯主义和战争所带来的磨难的意大利，建立一个智慧、文明的新社会。他写的所有文章都出于其政治立场和坚定的理想……四五十年代的卡尔维诺向他的读者提

---

[1] I. Calvino, «Omero antimilitarista», 原载于1946年9月15日的《团结报》，现收录于«Opere», vol. V, pp. 2118-2119。1943年，墨索里尼被免去意大利政府总理职务，并在萨罗成立了意大利社会共和国。

出了一种全面的世界观,他没有将文学的紧迫性与政治的紧迫性割裂开来……他用一项以马克思主义和阶级斗争为基础的计划,大力反对资产阶级的理性危机;用探索新的诗意、重新定义知识分子的角色来反对一种非理性的文学和主观主义。他倡导成为'匠人'(artisan)作家,这样的作家懂得凭借手艺来完整而谦卑地自我实现,同时,这个'无情'的作家,既能够批判布尔乔亚的世界及其危机,也能够批判他自己的为人和观点。他批判布尔乔亚的旧我有'乔装改扮'成无产者的倾向,提出有倾向性地超越新现实主义。他在安德森、康拉德、海明威、史蒂文森的作品中为一种新的文学找到了典范,这种文学能够提供一种精确的道德感,能够重新提出一种理性乐观主义的价值观,用以对抗非理性似乎日渐占据上风并且意义缺失的世界。"[1]

1949年8月,卡尔维诺仍然以《团结报》通讯员的身份参加了布达佩斯青年联欢节。这年夏末,他回到了埃伊纳乌迪出版社,自翌年1月1日起,他成为专职编辑,主管新闻部并负责一套新丛书的文学部分,他用全新的风格为这套书的封底撰写了文字。在得到维托里尼负面评价的长篇小说《白色帆船》还没出版时,卡尔维诺写了一些"racconti",即童话和故事,以《最后来的是乌鸦》[2]为标题结集出版。

卡尔维诺的长篇小说写作没有成功,作品的结构和人物都糟糕地死守着传统小说的特征。显而易见,这样的作品正如20世纪

---

[1] E. Mondello, *Italo Calvino*, Pordenone, Studio Tesi, 1990, pp. 58–62.
[2] I. Calvino, *Ultimo viene il corvo*, in «Opere», *op. cit.*, pp. 149–364.

初的小说所遭遇的那样,难逃一败涂地的命运。正如我们之前的分析,卡尔维诺在一开始从事写作时就做出了选择,并且对此已有深思熟虑。他不希望对知识进行概括式的、综合式的总体化,这一固执的意愿在许多作品中化身为隐喻性的形象。而片段式的写作是卡尔维诺这一创作阶段不容抹杀的史实:从某种意义上说,他与布莱希特的选择一致,那就是重新评估简短叙事形式的价值,在这类叙事形式中,古老的道德寓言被转化为一种纤维材料,出身平民的新民众皆可使用。《通向蜘蛛巢的小径》出版后收到的反响似乎有力证明了人们需要一个正面的英雄人物,他必须能够消解因作家与现实的对立、个人需要与历史状况的对立而产生的那些二律背反(antinomie)。卡尔维诺拒绝容易的解决方式,他的回答已经在写作《通向蜘蛛巢的小径》时全部给出了:

> 啊,是的,你们想要"社会主义英雄"吗?"革命的浪漫主义"吗?我给你们写一个游击队员的故事,书中谁也不是英雄,谁也没有阶级觉悟。我给你们表现"洗衣女工"的世界,那些流氓无产者!……这本书将是最正面的作品,最革命的作品!我们何必在乎已是英雄、已有觉悟的人?我们应该表现为了达到这两个目标而必须经历的过程![1]

他的这一回答或许并非不容辩驳,卡尔维诺本人也曾认为这

---

[1] 卡尔维诺于1964年为《通向蜘蛛巢的小径》撰写的前言,*op. cit.*, p. 1193。(译文引自《通向蜘蛛巢的小径》,"前言",第12页。略有改动。——译注)

段论战文字有其时效性。但是这个回答有助于我们了解作者是如何看待介入的:"介入应被看作将艺术尊严给予民众喜闻乐见之文学的努力。"①葛兰西也曾指出:"人民想要'内容',可如果人民的内容是由大艺术家表达出来的,他们便更喜欢这些艺术家。"②"向往成为荷马的卡尔维诺似乎十分希望当上'内容'的米达斯(Midas)"③:

> 文学产生自非文学的土壤,产生自街头贩卖的说书式的低端文学,正如最早的诗歌来自无名吟游诗人(rhapsode)的吟唱……安德森就曾想要把流行杂志上的故事、牛仔的故事、体育新闻转化为文学体裁。④

"他还看向了电影,他认为电影最适宜用来解决"⑤

> 将知识分子的文化与人民大众的文化结合起来的世纪难题。⑥

"卡尔维诺在汇编《最后来的是乌鸦》中的故事时,意图非常明确:希望将自己对碎片(décombres)的爱好植入一种模仿商业性传

---

① C. Benussi, *Introduzione a Calvino*, op. cit., p. 15.
② A. Gramsci, *Quaderni dal carcere*, Turin, Einaudi, 1975, Ⅲ, p. 1934.
③ C. Benussi, *Introduzione a Calvino*, op. cit., p. 15.
④ I. Calvino, «Anderson scrittore artigiano», in *L'Unità*, 1947 年 11 月 30 日.
⑤ C. Benussi, *Introduzione a Calvino*, op. cit., p. 15.
⑥ I. Calvino, «Letteratura, città aperta?», in *Rinascita*, 1949 年 2 月.

奇文学的叙事结构中,以此试验能否将知识分子与大众联结起来。无论就陶里亚蒂①最为明确的指示而言,还是换个角度从维托里尼的叮嘱来看,这都是一个大胆的选择。"②

相比于小说,借助童话故事更易于直接实验作者-我与读者-他者之间的游戏。根据弗拉基米尔·普罗普的说法,故事写作中隐含着对一种叙事模式的坚持,这种不易变化的叙事模式能够消除小众文化与大众文化之间的差异。

* * *

做出这一选择,也是在有意维护一种伟大的意大利传统,那是短篇小说(nouvelle)的传统,也是诗歌的传统,但不是长篇小说(roman)的传统。长篇小说这种体裁直到19世纪初才被引进欧洲大陆,引进的人中有福斯科洛这样的译者,也有曼佐尼这样的知识分子——他们身处的文化,在根源上对于意大利文化的参照既不深入,也不唯一。故事(racconto)是短篇小说的一种变体,而法语中的"故事"(conte)只能部分表示这个词的意思,正如两国间的传统也有差异。由于其动词形式是"raccontare"(告诉、讲述),"racconto"带有寓言(fable)的气息,而寓言在被书写之前,首先来源于一种口头传统。这个意大利词语所包含的口头意味,在法语词汇里几乎变成了另一种意思。

---

① 帕尔米罗·陶里亚蒂(1893—1964),前意大利共产党总书记。——译注
② C. Benussi, *Introduzione a Calvino*, *op. cit.*, p. 15.

事实是,卡尔维诺喜欢讲故事,他全身心投入这种寓言形式当中。可以说,他从未停止书写寓言,或者说从未放弃用一个寓言作者讲述寓言的口吻说话。他用这样的抉择回答他是否属于经典传统的(政治)问题,用葛兰西的说法,他以此使自己成为一个"伟大的艺术家",为一种无论如何都始终存在于意大利文学文化中的体裁重新注入活力。卡尔维诺也用这种方式化解如何在故事面前承认那个自恋的"我"的困惑,他的说法是:"问题在于给那个在现代作家看来十分累赘的人物'我'一个位置。"

既要制造距离,也要制造必要的精神快感,办法便是借助游戏(jeu)。让·斯塔罗宾斯基在为作品集所作的精彩序言中,谈及了卡尔维诺的作品所传递的愉悦:"对叙述的痴迷是卡尔维诺作品的首要特色……所有能让他看故事的东西他都感兴趣:图画书、电影、故事书。他很快便开始给自己讲故事并且产生了跟他人交流的欲望。故事,就是彼此连接的一些时刻,是在时间的持续中展开的一些事件,它们让人物出现又消失……也就是说,是一些世界,它们跟我们的世界相似,但又与我们的世界完全不同,因为它们发生在别处……读一个故事,就是暂时相信一个需要在讲述中被相信的过去;而读故事的人,那些天真地听着故事的人,因为故事的开头聚在一起,他们知道开头之后会有后来、有结局,他们屏住了呼吸——这是人们常用的说法。急切,等待,对一个假想未来的向往,缠住了这些故事爱好者。不管虚构的故事有多么不真实,故事所引发的期待却是一种绝对真实的感受,一种混杂了失望的喜悦,它终有结束之时,却不想就这么结束,于是要求再从头讲一个故事,再多讲一个故事。人们渴望在无数错综复杂的故事里分清头绪。'从前'是一个独一无二的表达,能够繁衍出无穷尽的故事。每个故事——卡尔维诺非常清楚——都可以立刻被倾倒进所有故事当中,这样故事便永不会结束,从一个故事变成另一个故事,从一个惊喜变成另一个惊喜。"①

卡尔维诺本人在谈起叙事时间(temps narratif)与真实时间(temps réel)时,提到了山鲁佐德这位了不起的故事讲述者:

> 《一千零一夜》讲故事,一个套一个,这个故事里面套那个故事,那个故事里面又套第三个故事。山鲁佐德之所以一天又一天不被处死,就是因为她善于在故事中套故事,并善于选择时机中止故事。她做了两件事:时间的连续性和时间的不连续性。她的秘诀就是掌握节奏、捕捉时机。我们已经知道,在叙事诗中诗的韵律,在散文故事中控制读者想知道下文的愿望,是使这个秘诀发生效应的基础。如果有个人不会讲笑话却硬要讲笑话,讲的时候又不会掌握节奏,引不起人们的联想,那么大家都会有一种不舒服的感觉。薄伽丘在一篇故事(《十日谈》第六天第一个故事)中谈到讲故事的艺术,正好回顾了这种感觉。②

---

① J. Starobinski, «Prefazione», in «Opere», vol. Ⅰ, pp. Ⅺ-Ⅻ. (该文未被收入法语版,引文为作者所译。)

② I. Calvino, *Lezioni americane*, *Sei proposte per il prossimo millennio*, Milan, Garzanti, 1988, in «Opere», vol. Ⅳ, p. 662 (*Leçons américaines*, *Aide-mémoire pour le prochain millénaire*, trad. Y. Hersant, Paris, Gallimard, 1989, p. 70). (译文引自《美国讲稿》,萧天佑译,译林出版社 2012 年版,第 39 页。略有改动。——译注)

文集《最后来的是乌鸦》的标题取自其中一个同名故事。这本文集围绕着分散的主题，集合了三十个篇幅都比较短小的故事，这些故事并不构成一个均衡的整体。比如，有些故事仍是在讲述一个孩子在家庭中经历的严酷，其中最为突出的是父亲的形象；在另一些故事所展现的情境和印象中，显露出富裕社会阶层的样貌，其中有些故事带有些许风格练习的意味。更多故事则集中于抵抗运动和内战的主题，它们没有被改头换面写进《通向蜘蛛巢的小径》，讲述的语气也跟《通向蜘蛛巢的小径》不同：更稳重，更具有描述性，没有任何夸大效果。最有吸引力的大概是最后这类故事，因为它们被讲述得简洁明了，词句讲究效率，但寓言故事的发展和意外的结局之中，包含着出人意料的叙述效果。同样十分突出的还有对风景的描述功夫，那些细微的差别都被极尽所能地展现出来了：明亮非常的清晨，五颜六色的黄昏，冷杉，五光十色的松针，落叶松，长着皮刺的巨大龙舌兰，腐烂的枯叶，林中空地与树下风景，河流与山间小溪，铁轨与隧道，深浅蓝相间的波光粼粼的大海，以及《被施了魔法的花园》这个故事中森林边缘的花园，花园里种的植物被一一细数——古老的肉色桉树、杨梅丛、矮牵牛与旋花——还有小道、砾石与栏杆。两个孩子——乔万尼诺和塞雷内拉中断一时兴起的游戏，走进这个如同天堂的地方。在这里他们可以捡拾花朵，泡进游泳池，接着吃早餐，打乒乓球，可是

那个花园里的每一件东西都是如此——美妙而难以受用。他们内心总是感到别扭而惶恐，这也许只是命运的疏忽

吧,而他们很快会被叫去检讨自己的行为。①

最后他们透过百叶窗帘,窥见房子里面有一个富人家的孩子正在翻看一本厚厚的带插图的书。但他们觉得这个孩子跟他们一样焦虑不安,于是他们决定离开这个虚幻的天堂,回去玩自己的游戏。这个故事带有奥斯卡·王尔德与刘易斯·卡罗尔的意味,但寓意有所改变,这层寓意被掩饰在一种不会忘记行使社会功能的现实主义意图之下:暗中指向一种原罪,它既源于阶级属性,也意味着可能由生命中那些幽暗、隐晦的事物转化而来的潜在罪行。我们在其他故事里感受过的这种原罪意味,也盘旋在《去指挥部》的一些句子里:

但被烧焦的森林无边无垠,没武器的男人的思绪被陌生和阴暗围裹着,就像森林中央的开阔地。②

于是一切又回到之前的状态:一个模棱两可的世界,一切非凶则吉。那片森林总也走不到头,而且越来越密,而那个男人,有时甚至会默不作声地让他跑掉。③

卡尔维诺的另一个常用手法——罗列(énumération)与组合

---

① I. Calvino, *Ultimo viene il corvo*, op. cit., p. 171 (36). (译文参考了《最后来的是乌鸦》,马小漠译,译林出版社 2021 年版,第 27 页。略有改动。——译注)

② I. Calvino, *Ultimo viene il corvo*, op. cit., p. 263 (225). (译文引自《最后来的是乌鸦》,第 149 页。略有改动。——译注)

③ I. Calvino, *Ultimo viene il corvo*, op. cit., p. 264 (227). (译文引自《最后来的是乌鸦》,第 150 页。略有改动。——译注)

(série)法——自此开始了。使用这种手法很可能是因为家庭的科学精神对他产生了影响,与他自身的学习经历也不无相关。组合与罗列的作用在于巩固求知的进程,也有助于了解某个特定空间,能整体性地描述杂凑在一起的每一块碎片,亦便于将真实输入想象,将紧实的厚重注入原本的稀薄。同名故事《最后来的是乌鸦》很能说明这一点,其中有不少例子:

这条河就像一张网,是用轻盈而清澈的波纹做成的,水在网中流。河面上不时地扑腾着银色的翅膀——那是一条脊背闪闪发光的鳟鱼,它很快又没入水中,顺着"之"字形游走了。

"这里全是鳟鱼。"那些男人中的一个道。

"如果我们扔一颗炸弹进去,它们就都会肚皮朝上地浮出来了。"另一个人说,接着从腰带上摘下一颗炸弹并拧起了火帽。

就在那时,一直在观察他们的小伙子往前走了一步,那是山里的男孩,脸是苹果形的。"你给我。"说罢就从他们中的一个人手中拿过步枪。"这个家伙想干什么?"那个男人说着,想从小伙子手上夺回步枪。但小伙子把武器对准了水中,就好像在找目标一样。"你如果往水里射,除了吓走鱼,不会有别的结果。"那男人想这么说,但话都没能说完。一条鳟鱼扭动着冒了出来,小伙子一枪射到它身上,就好像鱼在那里等着他一样。现在,鳟鱼翻着白色的肚子浮在水面上。"嘿呦!"那些男人说道。

小伙子又上了子弹,举枪转了一周。空气明净而紧绷着,从这里能看见对面岸上松树上的松针,还有像网一般的河水。一片波纹冲出水面——又是一条鳟鱼。他开枪了,死鱼立马浮在了水面上。男人们看了看鳟鱼,又看了看他。"这家伙枪法不错。"他们说。

小伙子又把枪口对准了空中。这事想来真挺奇怪的,人们如此被空气包围着,正是这几米的空气,把他们和其他东西隔开。然而如果用步枪瞄准的话,空气就是一条看不见的直线,是一条从枪口到被瞄准物之间绷直了的线。这会儿,枪正瞄准一只小鹰隼,它正张着好似静止的翅膀,在空中翱翔。在扣动扳机的时候,空气仍像之前一样清朗而空透,但那上头,也就是在这条直线的另一端,小鹰隼合起了翅膀,像石头一般落了下来。从打开的后枪膛里,泄出一股好闻的火药味。①

首先,波动水流的近景及"扑腾"(frétillement)的姿态表现出了"麇集"(pullulation)的动态。那些织就了一个均质网络("水在网中流")的东西(那些"波纹")又在不停割裂、分化着网络。最需要在这个网中捕捉到的,是从前那只蝌蚪,那只最早的两栖动物,它又出现了,它脱离了群体,在构成物质并重塑物质的千万种形式中变幻。这里的"扑腾"让人联想到翅膀的振动,证明了鸟和鱼在生物学上的同源;"扑腾"也表现了鱼脊背的"闪闪发光"所还原出的"之"字形运动的速度感。然后,试图用言谈(parole)将五种感官的

---

① I. Calvino, *Ultimo viene il corvo*, op. cit., pp. 266 - 267 (243 - 244). (译文引自《最后来的是乌鸦》,第 153—154 页。略有改动。——译注)

总体性(水和水中的扑腾)掌握或固定下来。一句寻常对话"这里全是鳟鱼"重组出空间的另一种整体性,使之与之前的空间产生差异。事实上,这个空间看上去似乎是个被瞄准的空间,仿佛必须在其中确定一条弹道,穿过这条新的路径,就是射击目标,它将所有扁平的、浑圆的、弯曲的都转化为一条直线。炸弹引爆了矛盾状况的交替,炸弹统摄了"全部"鳟鱼这个总体,它既平行于这个总体,又是其中的一部分。对二者合一的恐惧掺杂着杂食性的(omnivore)、全面破坏的——掠夺性的——渴求,但"死"鳟鱼的画面本身抑制了这种渴求。那条死去的鳟鱼被细致刻画出来:它曾是活物,曾是一条线-闪光-脊背-之字形——这个分解的部分不见了,随着自己的运动轨迹,它(再次)发生变化,它死了,"翻着白色的肚子浮在水面上",这个浑圆的部分再次整合出空间的又一块碎片。在水之后,为了再构造一个神秘的未被染指的世界,作者转向了空气。尽管在这里可以用米来估算距离,空气却是同样无法捉摸的。一条弹道在空气中立马呈现出来,这是一条最为致命的路径:步枪的路径,而瞄准线——弹道——通往另一次合成,但需要先经过分解。最后,两种捕获(saisie)在彼此之间开启的对话中变得分明,但对话双方不仅势均力敌,还互相附和,一次次彼此重新诠释,一次次把彼此安排到新的风景或场面之中。文中,解体(décomposition)的意象创造了一种不同的运动,不止一种综合性的描述可以写出这种运动,这也就决定了文本的结构不会是封闭的,而是开放的。只有弹道之中的闪光与扑腾,也就是将子弹射出,才能制服鱼的扑腾。或许正因如此,世界才重获和谐,也就是获得了平行性(parallélisme),一种二元的稳定关系:单一空间中呈现出多重空间,瞄准线成为弹道并且通往单一空间。我们跟着作者的描述一路至此,他的描述中不仅有空间,还有运动,或至少用描述让空间动了起来,用对空间的描述重塑了时间。我们随着故事一路至此,故事就是时间与空间,山鲁佐德所争取的最基本的东西,最终,故事的时空与山鲁佐德所处的时空重叠在一起,而在卡尔维诺的这个故事中,故事的时空与写作的时空重叠了。

  枪口转了,在——过目中,枪口不停地寻找自己的目标,寻找自己的瞄准点。这支步枪几乎成了一步步落到帕洛马尔手上的望远镜。眼下,重要的不是瞄准的对象,而是对象所隐喻的:瞄准物、弹道,以及它们在空间中的位置。"空气就是一条看不见的直线……绷直了的线",而空气不会绷成直线,当我们触发一个武器,空气的走向就跟随一条瞄准线路、一条子弹的路径,就像东西被人拖动着那样。尖细的(pointu)元素再次多起来、密起来:"松针"和"对面岸上"的线条,水形成的"网"状线条,"波纹""冲出""水面""开枪",绷直的线经由这些形成了,而在死鱼的浑圆中,空气重新聚集起来。尖细之物制约着非尖细之物,晦义(obtus)制约着显义(obvie),并通过分解将其重塑为"自行讲述"的碎片。用枪瞄准这一事实本身,将已经绷直的空气,变成一条瞄准线,继而成为弹道,"看不见的直线",空气与弹道,"一条从枪口到被瞄准物之间绷直了的线",延伸至另一处"扑腾",那不是鹰隼在飞,而恰是它的翅膀停止振动的那一刻。情节开始于游泳的鱼,"不时地扑腾着银色的翅膀",结束于那个将笼罩在上面的天空一分为二的事物,在"直线的另一端"合起了翅膀,"像石头一般"落下来。感受在嗅觉中终结——"好闻的火药味";只不过,意大利语中的"火药"也是"灰尘",千百年来死亡的皈依。卡尔维诺偏爱感官知觉的领域,这一点毫无疑问。如果重读这一幕,我们会发现所有感官都被调动了,但作者对视觉的偏爱也十分明显。在这里,窥视的姿态颇有用意,它推动了故事的形成,因为故事讲的就是被这个窥视的目光捕捉到的东西,而且目光本身就是一条路径(弹道),划定了讲故事与写故事的时间和空间。

步枪-弹道-目光将——瞄准各自的目标,瞄准即游戏,游戏即死亡,死亡即游戏,瞄准即死亡,以死亡为目标的游戏,以死亡当乐子的瞄准:死亡如同一场游戏,死亡是生命的赌注,生命被死亡瞄准,赌博,游戏。其他人看着窥视者接连经历撕裂与拉扯:

> 他又让人给了点弹药。在他身后的河岸上,已经有很多人在看他了。对岸树顶上的松果为什么只能看而不能碰呢?为什么在他和那些东西之间会有那段空荡荡的距离?为什么和他一起的、在他眼中的松果,却在遥远的那边?但如果用步枪瞄准的话,就会明白那段空荡荡的距离只是一场骗局;他碰了下扳机,就在同时,松果在叶柄处断开,掉了下来。这是"空"的意义,就像一种抚摸——步枪枪管里的那个空的部分,经由空气,继续推进,然后被射击填满,并一直延续到那边的松果、松鼠、白色的石头,还有罂粟花上。"这家伙一枪也没打歪。"那些人说道,没一个人敢笑。[1]

---

[1] I. Calvino, *Ultimo viene il corvo*, op. cit., p. 267 (244-245). (译文引自《最后来的是乌鸦》,第154页。——译注)

游戏的目的是填补一段距离，振作松弛的感官，如同一个人想要占有某个自己没有的东西，让它成为自己的。这里的游戏表现为知识最简单的形态，即感知（appréhension），它本就存在于眼睛对现象的知觉当中："和他一起的、在他眼中的松果"，却是他碰不到也抓不着的，但瞄准和弹道可以捕获它们。步枪除掉了这个难以解释的东西，这东西只是障眼法，与其之间的距离同时也是非距离（non-distance），一种不真实的效果，对付它，也要用非真实的效果；一种如同抚摸却又被抚摸填满的空虚感——于是，晦义遇到了显义，然后占据了它；距离与枪管-弹道的空无完美契合，而空无被枪响、爆裂、瞄准射击的抚摸填满。人物的注意力这时放在了对表象的分析上，分析表象所耍的花招，分析消除这些表象所需要的另一些手段，同时试着暂时将表象看成牢固的现实。在东西被看到与东西因为被看到而坠落之间有一段非距离，克服它的手段就是让感官通过弹道延伸出去，也是用弹道将感官拉近。用另一种技术术语来说，这叫作变焦（zoomer）。或许在这个玩弄表象的游戏中，被罗列的死亡也只不过是人为表象，一个这样的花招：当枪被触发，自我与自我之间、自我与自我的感受之间的距离也被暂时消除了。在这条瞄准线上，在此时的视角之下，一切都坠落下来：松果、松鼠、白色的石头、罂粟花。终于，这短暂的成果被那些看着这个在看之人的人道出——"……一枪也没打歪"，这是故事的真相，也是死亡的真相，是死亡决定了故事的空间和时间。

可是，这个真相——死亡——之所以是真相，是因为它掩盖了——即使只是一时——一种确定性，甚至那些曾经为死亡而兴奋的人，在后来的故事中也要加以阻止，因为这个真相让人难以接受。第二天它卷土重来,那曾经"明净而紧绷着"的空气变得不那么分明了,"空气很明净,羞答答的":松鸦该出场了,死后却变成老鼠的睡鼠该出场了,毒蘑菇、最后只剩一点黏液的肥大蜗牛;接着是蜥蜴、水坑里的青蛙,以及一块路牌,这个太好打的靶子。

> 这样从一个目标跑到另一个目标真是个有意思的游戏,也许能这样周游整个世界。①

这游戏就是如此,它的路径通往死亡。现在必须玩得再大些,要加大赌注。眼下,赌注该换成人了,矛盾的是,这只不过出于偶然,因为枪口应该对准敌人;而实情是,为了维持游戏的虚幻感,枪口并未对着敌人,而是对着制服上的金色扣子。随着猎捕人的游戏开始,罗列游戏也再次开始了,需要穿越的距离清楚起来,变成了生死之间的一段射程:一只野鸟、槲鸫、两只沙锥、士兵的头盔、爆炸的手榴弹。最后,是乌鸦:

> 当他再抬起头来时,乌鸦来了。他头上的天空中,一只黑色的小鸟缓缓地盘旋着,也许是一只乌鸦。现在小伙子肯定会朝它开枪的。但那枪声迟迟没响。也许是乌鸦飞得太高了?……没有,那黑鸟在他头上盘旋着,飞得越来越低。那小伙子有可能没看见这鸟吗?也许这乌鸦根本就不存在,只是

---

① I. Calvino, *Ultimo viene il corvo*, op. cit., p. 268 (247).(译文引自《最后来的是乌鸦》,第 156 页。——译注)

他的一个幻觉。也许人在快死的时候,会看见各种鸟飞过:看到乌鸦,就说明时候到了。但是得告诉那个总是在打松果的小伙子,天上有只乌鸦。于是士兵站了起来,用手指着那只黑鸟,说:"那里有只乌鸦!"他用自己的语言大叫道。就在这时,子弹正好打在他制服上绣着的那只展翅老鹰的正中间。

那只乌鸦打着圈徐徐降下。①

最初的画面是一个知识的空间,它被转化为游戏的场景;不是指戏剧场景,而是一张牌桌(table de jeu)。对立的双方用一定数目的赌注拆解着游戏空间,一方的某人下注,另一方选择接受或拒绝;被盯上的士兵跟石头一同成为"出击"②对象——这块石头已然成了墓碑。在这一局他加注了,想到飞过的鸟能救他一命,他感到激动:他首先想到,幸运的话,偶然飞过的鸟会分散对手的注意力,但是正如所有弹棋子类游戏的隐喻,如果"来真的",他就已经输了。与此同时,他的对手不会走错任何一步,不会浪费一个棋子,他甚至使人觉得他已经遥遥领先,对方的失败即死亡,他已经不感兴趣了。不过要注意,他要把关于符号的知识(和辨识)玩到极限。此时,这事关游戏的姿态优雅与否:不向乌鸦开枪,在这种鸟的象征含义中,有暂时的结束,游戏的暂停,死亡的到来——这是为了误导对手,士兵天真地以为对手会瞄错目标,或者更糟,瞄点、路

---

① I. Calvino, *Ultimo viene il corvo*, op. cit., pp. 270-271 (251). (译文引自《最后来的是乌鸦》,第159页。略有改动。——译注)
② "roqué"(出击)的动词原形"roquer"的意思之一是,在槌球游戏(croquet)中将两个球靠在一起后,用一记击打将两个球击往不同的方向。——译注

径、判断,满盘皆输,这样他就能扳回一局;相反,向老鹰开枪就是向一个人工标志物开枪,甚至是向对方用来知道(辨别)自己是否还活着、是否还有力气的一个符号开枪。

在这个充满隐喻和参照的故事中,有关生与死的基本符号交缠在激烈的游戏中,卡尔维诺描述了人类的命运之网。而乌鸦圆满了两个时刻:它延长了那只老鹰(它似乎标志着第一幕的结束)的飞行时间;它终结了整个故事(正如老鹰的作用),并且用扇动翅膀呼应了开篇时扑腾的鱼。"意味深长的是,乌鸦,死亡的人类学象征,它既没有被瞄准,也没有被击落。知识无助于区分历史的正义与虚假,除了在一些特定的场合;知识也无法解决个人最为戏剧性的问题,而个体终究难逃命运的掌控。"①

敌对双方的矛盾无法化解。一方是作为理性知觉的切分、计算、评估(罗列与集合——一个整体),另一方是那些不被重视也不被讲述[游戏的潜规则,逃脱,逃逸点(point de fuite)——摆脱了整体并向无限趋近的一切],却构成了一条路径、一次瞄准、一种命运的事实。一方是一个可能之胜利的所有"可能性",另一方是在游戏即故事的结尾终究一败涂地的所有"现实"。

这是一种被多次使用的布局方式(schéma)。即使是一些似乎不太知名的故事,都用到了这种罗列法,仿佛对那些可量化的材料

---

① C. Benussi, *Introduzione a Calvino*, *op. cit.*, p. 18. 在这部关于卡尔维诺的精彩著作中,作者进一步将"文集分为九个部分,每个部分包含三个故事(有一个部分包含四个故事),另有两个独立的故事——第十一个及第二十一个,把它们放进来或许是为了让文集涉及的主题看起来够全面"。Ibid., p. 16.

进行着科学计算。在《美元和老妓女》①中，故事里的人想用里拉兑换美元。情况迅速转变为非常新现实主义的剧情，漂亮的约朗达将会带着她的希望跟一群老妓女坐到警车里。而在落到这步田地之前，她跟丈夫埃马努埃莱还有时间去盘点、计算、列出可供他们利用的所有美国水手、妓女、马车（carrozze），以及他们叫过的所有出租车，也就是说，可能之胜利的所有"可能性"，以及在故事的结尾处终将溃败的所有"现实"。

* * *

1950年8月27日，帕韦泽在都灵的一家旅馆里自杀身亡。卡尔维诺后来坦陈，他从未想到这位来自皮埃蒙特的作家会以这样的方式结束自己的生命：

> 在我与他相识的那些年里，他从未有过陷入自杀危机的时候，但是与他相识最久的那些朋友知道他有这种情况。因此我眼里的他是完全不同的。我以为他是一个坚定的人、强大的人，一个孑然一身的工作狂。正因如此，在他死后，我才从他日记里记述的数次自杀经历，从那些对爱与绝望的呐喊中，发现了帕韦泽的另一个形象。②

---

① I. Calvino, *Ultimo viene il corvo*, *op. cit.*, pp. 307 - 318.
② 与 M. D'Eramo 的访谈, in *Mondoperaio*, XXXII, 1979年6月6日, pp. 133 - 138, 引自《Opere》, vol. I, p. LXX。

"十年后,在一场名为'帕韦泽:存在与创作'(Pavese: essere e fare)的纪念活动上,他讲述了帕韦泽留下的精神遗产与文学遗产。不过,关于帕韦泽及其作品的写作和讨论文集却停留在计划状态。"①埃伊纳乌迪出版社出现了一场危机,这场危机因编辑团队的换新得到部分缓解。② 那也是卡尔维诺的艰难时刻,但这与帕韦泽的死或许并不直接相关,更重要的原因是,他需要重新确认自己作为政治作家该如何介入,最终他直接回到了写作中。这场危机突出反映在那部精心构思的、社会现实主义(réalistico-sociale)结构的长篇小说《波河青年》中。这部小说很久以后才被连载在1957年1月到1958年4月期间的《工作坊》杂志上,作为一份史料,它证明了一个被卡尔维诺放弃的工作方向。他在杂志里这样介绍这部小说:"我本打算画一张人类的群像,却写出了一本格外灰暗的书。书中的人生一片荒凉——尽管这是老生常谈了——因此我一直不想将它单独出版。"

《波河青年》是一部书信体小说,这种故事结构借鉴自18世纪的小说,标题则不无帕韦泽的味道。对两个人物的塑造明显与卡尔维诺自身的经历有关:纳尼恩留在家乡里维耶拉的一间工厂工作,而认为只有在都灵才能证明自己的尼诺,一边在工业部门上班,一边参与阶级政治斗争,希望加入抵抗运动所畅想的新人类的创造。在都灵,尼诺爱上了年轻女子乔万娜。跟随着她,尼诺认识了都灵,尤其是都灵的河——波河;同时,他也见识了周遭迷人的

---

① M. Barenghi, op. cit., p. LXX.
② F. Balbo 卸任,新上任的编辑有 G. Bollati、P. Boringhieri、D. Ponchiroli、R. Solmi、L. Foà,以及 C. Cases。

布尔乔亚生活。夹在对乔万娜的爱和战斗工人的责任之间,这位正面人物终于明白,要履行自己的政治使命,就要牺牲感情生活。

此前,我们已经在另一部作品里看到过自我在两个主体之间的紧张分裂,它发生在皮恩和吉姆这两个被同时塑造的人物之间。在这部小说里,这种撕裂则体现在纳尼恩和尼诺二人写的信中。这也进一步确认了,在自我身上,种种理性与使自己左右为难的种种冲动无法共存。除此之外,作者还着重写出了一种灰蒙蒙的混浊感,在他看来,这混浊并非被诅咒的部分,而是一个障碍物,它才是最后的赢家。尼诺写道:

> 我无法拥有一个不四分五裂的人生:在村里我想念工人阶级,在这里我思念大海和森林;跟女朋友在一起,我怀念与同志们之间那种能争对错的关系,可是跟同志们在一起,我又惦记跟女朋友在一起的那些惊喜时刻。①

纳尼恩的选择是不做改变,可他并没有逃脱左右为难的境地:

> 有时候,我觉得我站在了错误的一边,我应该跟鱼、乌鸦、蚂蚁站在一起。我乐于看到人类只得到自己应得的东西。也许人类正在自我毁灭。而我,到那一刻,我会到另一边去:跟蚂蚁站在一起,或者跟随便什么站在一起……除了粉身碎骨,

---

① I. Calvino, «I Giovani del Po», in *Officina*, n° 12, 1958年4月, p. 548, 后收录于«Opere», vol. III, pp.1011-1126.

不会有别的下场。①

"或许卡尔维诺希望实现一个合题。事实上,他在此前写的一些文章中,已经试图将萨特的人道主义与马克思主义统一起来,在非宗教的层面延续我们国家的基督教文化传统。他把这个任务委派给了工人阶级,因为"②:

> 将马克思主义与其他所有诠释和批评的方法区别开来的是,只有通过一个正题和一个反题,才能达成一个合题,这一事实辩证地要求我们同时了解克罗齐、戈贝蒂,也要了解葛兰西……③

"莫里亚克、纪德、阿拉贡、秦梯利、罗森贝格。像维托里尼那样,他关心一切能有所帮助的文化诉求,以尽可能完整地描画出摆脱法西斯之后的新人类的面貌。通过'重写'帕韦泽的《同志》,他将维托里尼在《人与非人》中提出的问题重新提了出来。"④

说到底,这篇相当平庸的文字(我们看到,卡尔维诺本人也不太满意)在对存在之分裂的表达中透露了危机。这场危机也暴露在1946年的一篇专门讨论意大利作家的思维方式(forma mentis)的文章中,卡尔维诺以美国作家为例:

---

① I. Calvino, «I Giovani del Po», in *Officina*, p. 548.
② C. Benussi, *Introduzione a Calvino*, op. cit., p. 22.
③ I. Calvino, «I saggi a congresso», in *L'Unità*, 1946年10月6日。
④ C. Benussi, *Introduzione a Calvino*, op. cit., p. 22.

意大利缺少人在生活与文学之间的潜移默化，正是这种潜移默化让美国叙述者们的生平丰富多彩。他们经历各种事，遇见各种人：码头工人、卖报人、在旅行中成为作家的职员。他们见到的不仅仅是自己办公室里的人，没有在按部就班的爬格子中关闭了所有的实验道路，他们的人生经验不只是在案牍前劳神——那是二手的经验，他们的文学也不是中产阶级的调调，充满了各种无能与歇斯底里。①

* * *

1954年，正在写《分成两半的子爵》的卡尔维诺似乎已经远离那条被刻意强调为新现实主义的脉络，用一本收录了三篇作品的小文集《进入战争》②回到了他从前的叙述模式。在写给多梅尼科·雷亚的一封信中，卡尔维诺称此文集是一本"值得尊敬（dignitoso）但不是非读不可"的小书。在不同的版本中，这几篇文字被编排的次序也不尽相同。在第一版中，《青年先锋队员在芒通》出现在开头，这与几个故事的叙事关系一致，而且很有可能是维托里尼

---

① I. Calvino, «Adesso viene Micheli, l'uomo di massa», in *L'Unità*, 1946年4月12日。
② I. Calvino, *L'Entrata in guerra*, in «Opere», vol. Ⅰ, pp. 483–545 (*L'Entrée en guerre*, trad. É. Deschamps-Pria, in «Nouvelles italiennes d'aujourd'hui», Paris, Presses Pocket, 1986). 这个版本中收录的第一个故事是该书的同名故事，接着是《青年先锋队员在芒通》(*Gli Avanguardisti a Mentone*)，最后是《国家防空联合会的晚上》(*Le Notti dell'UNPA*)。这三篇在1958年被收入《故事》中的"困难的回忆"(Le memorie difficili)系列。

的决定,他是这本书所属丛书的主编。在封底文字中,维托里尼盛赞这本书,称作者"深知如何将记忆中的微光与迷雾转化为现实本身……这或许是目前为止,卡尔维诺这一代作家让我们看到的最为成熟的作品了"。不过,卡尔维诺后来更倾向于以写作时间为顺序进行排列,他的解释中也透露出这几个故事所独具的自传特征:

  这本书既讲述了少年成长为青年的过程,也讲述了从和平到战争的过程:正如很多人经历过的那样,"进入人生"与"进入战争"也在此书主人公身上同时发生。在书中,人们对战争还所知甚少:那时候,意大利刚刚参与后来被称为第二次世界大战的战争;主人公是一个在某些方面比较优越的男孩,因而免于被卷入紧急状况下的戏剧性事件;或许正因如此,他对自己也还不甚了解。不过,被讲出的那些事情其实已经隐隐预示了未来的大致走向。而且,集体性的历史推动力与个体意识的成熟之间无休止的纠缠,已经在这些不连贯的事情里发生作用了……

  这是一个长篇小说的主题,我们这个时代却认为没必要——从方法上或者从边界上来说——为了将这一主题研究透彻,从某个特定的角度进行专门的书写。因此,这本书最终将三个叙事文本合在一起,它们有相同的主人公、相同的时代和地点,也都混合着回忆与想象。但每个故事都是独立发展的,都遵循各自的情绪与节奏。显然,将这几个故事放在一起并不能改造出一部长篇小说。这也是为何我更希望不按照被叙述事件的时间顺序,而是根据三个故事被写作的顺序来排列它们。这样的排列也能让每个故事所承载的诗意得到最佳呈现：首先是最引人联想的故事，真诚且充满热情；然后是最能唤起同情与道德感的故事；最后一个故事则是在游戏和感受之间做出的最大妥协。

这本书也可以被看作——用一个与主题非常契合的战争画面来描述的话——作者入侵了一片完全陌生的领土，这片领土便是"记忆的文学"。他的目的，是同自传式的抒情较量一番——作为对手，他不怕短兵相接——也为了在这里寻找能让自己心心念念的精神历险叙事走通的道路。跟所有曾经成功入侵过的人一样，他希望带着战利品回来，而不是用自己的牺牲充实敌人的战果。①

在对往事的回忆中并没有关于战争的描述，只是提及了意大利宣布参战的事。我们明白这一事实，不是通过那几行讲起官方政策的文字，而是透过个人的本能反应中的犹疑与不定。这个事件与回忆行为之间，与那个心思散乱的"我"（这个"我"身在事件之中，但事件的轮廓只能慢慢被勾勒出来）之间有一段明确的距离。在这样的距离中，自传性的讲述方式获得了一种笃定的平和，因为这是一个由预感、有待验证的感受，以及仍披着少年游戏的外衣的事件所形成的时空。这些故事写于1953年，也就是卡尔维诺的父亲去世两年后，它们也在致敬这样一个人类形象——他一再教导作者必须拒绝一切法西斯态度，这部分塑造了作者的人格，也清理

---

① 卡尔维诺用打字机写下的工作札记，引自«Opere», vol. I, pp. 1316-1317。

他头脑中的意识形态。他对这场战争本身及其所产生的恶劣后果的全面谴责正逐渐明确。同样的回忆也出现在卡尔维诺此前的写作之中,在《通向蜘蛛巢的小径》和《最后来的是乌鸦》中都有迹可循,那时他还没有感到激动狂热,不满的心绪都是直觉性地表露的。

回忆是这样的,进入战争发生在假日时分,那是"人们什么心思都没有"①的一个时期,而且,人们一心想的是"我们对战争那些事情的脱离……我们把战争带入了怎样一个风格极致的状态,直到把这种脱离变成我们的第二性,一副胸甲"②。那时的景象是阴沉的,事情已经摆在那里,但看上去没人愿意去领导、指挥、安排。人们还没有发觉,已经发生的一桩桩偶然事件对于自己所处的环境有着决定性的影响:

> 一颗小炸弹,也没多大的事情。人们围了一圈,议论着:一切仍在可想象可预见的范围内;一幢被炸的房子,但还没有在战争里面,人们还不知道战争究竟是个什么东西。③

但是战争给了这场事故的愚蠢的不可逆转性一种方向和普遍意义,只是间接地归罪于拉下了发电站电源开关的那只手,归罪于在空中嗡嗡作响但看不见的飞行员,归罪于给飞行

---

① I. Calvino, *L'Entrata in guerra*, op. cit., p. 485 (87). (译文引自《短篇小说集(下)》,马小漠译,译林出版社2012年版,第302页。——译注)

② I. Calvino, *L'Entrata in guerra*, op. cit., p. 496 (117). (译文引自《短篇小说集(下)》,第314页。——译注)

③ I. Calvino, *L'Entrata in guerra*, op. cit., p. 487 (93). (译文引自《短篇小说集(下)》,第305页。——译注)

员指出航向的军官,归罪于决定打仗的墨索里尼……①

"我"独自感知着事物,其他人及他们基本上普遍的冷漠与含糊让"我"感到抵触。破坏从土地的风貌开始,是"我"从内部而不是外部所看到的风景:耕种的土地与狩猎的土地失去了各自的特征,人类劳作的痕迹被一点点抹除,却没有喘息的时间留给这里。在最久远的家庭记忆(但还不是主人公的记忆)中,过去的其他战争里有同样一些预示失去和毁灭的征兆,这让两代人之间产生了一个明显的时间差。回忆起被征用为救援站和难民收容所的学校时,描写停留在那些被赶出自己家园的人身上,他们所耕种的世界已经天翻地覆,他们被驱逐出来,跟野猪和其他飞禽走兽一样无家可归。描写曲折地追随着这种混乱之下的一片狼藉,诸多真相中的一个被揭开:

> 但这群人有独特的一点,首先进入视线的……虽然断断续续但总是反复出现的主题是人们中间的残疾人,患有甲状腺肿的弱智,长胡子的女人,侏儒,被狼疮变了形的嘴唇和鼻子,由酒精中毒引起的震颤性谵妄症患者软弱无能的目光:这张山村黑黢黢的脸庞现在不得不被揭露出来并接受检阅,这个农民家庭的古老秘密,那周围的房屋就像松果鳞片一样一家挨着一家。现在他们从黑暗中被赶出来,在那座发白的官

---

① I. Calvino, *L'Entrata in guerra*, *op. cit.*, p. 488 (95).(译文引自《短篇小说集(下)》,第305页。——译注)

像建筑里尝试着找寻一个藏身之处、一种平衡。①

当愤世嫉俗与道德主义陷入无声的争执时,主人公产生了最初的怀疑,最终一种实用主义态度获胜,他决定帮助难民,帮助那些可怜人。但是,一个偶然事件使他失去了将勇气付诸实践的可能性,只是因为他没有穿着进入法西斯机关的规定制服。最终一切如同错觉,他以莱奥帕尔迪的口吻写道:

> 战争就带上了那样的颜色和那样的气味。那是一片我们已经深入其中的、灰色蠕动的大陆……像海一样无穷无尽。回家,就已经像是休假对于军人一般了。②

故事结束于对墨索里尼的描写,是他引发了这桩巨大的惨剧。作者的语气中并没有强烈的政治诉求,而是多了一种因觉悟而产生的认识:

> 我也只是略微地看见了他,惊异他有多么年轻:一个小伙子,就像一个小伙子,健康得就像一条鱼,那给剃光了的后颈,被晒成古铜色的紧绷肌肤,目光闪闪发亮,洋溢着热切的欢乐——这是战争,由他造成的战争,而他和将军们坐在汽车

---

① I. Calvino, *L'Entrata in guerra*, op. cit., p. 493 (107-109).(译文引自《短篇小说集(下)》,第310—311页。略有改动。——译注)
② I. Calvino, *L'Entrata in guerra*, op. cit., p. 497 (121).(译文引自《短篇小说集(下)》,第315页。——译注)

里,身着一套新制服……就像在游戏一般,他只是在寻找他人与他的同谋,就那么一点点东西,以至于人们几乎都愿意把这种同谋关系给予他,好不破坏掉他的节日,以至于人们都几乎要为知道自己比他成熟,为不玩这场游戏,而感到少许的悔恨。①

另外两个故事同样在回忆 1940 年的夏天,从 6 月到 9 月,人们还来不及理解并合理化那一桩桩事件。《青年先锋队员在芒通》讲述了在芒通这座城市的一场旅行,依据法国贝当政府与意大利墨索里尼政府签订的协议(后者要求归还尼斯),芒通当时被划归了意大利。一般情况下,芒通是禁止参观的,因为它是军事占领地,原来的居民都撤出了。主人公能够前往,是因为"利托里奥意大利青年组织"为了跟西班牙青年长枪党军团会面而安排了一次出行。讲故事的语气及呈现的场面反映出主人公与他的同伴们格格不入,这种不同正是他在每次投身行动前的思考距离。当参观的这座城市、这片土地已经与记忆中的截然不同,思考的距离就更加清晰起来。他感觉到种种景象的碎片是有待去发现的世界,那些"从未见过的北方多雾城市:芒通是巴黎吗?……法国是过去吗?"②这座了无生气的城市令人失望,它已经成了一具新艺术风格的石棺,先锋队高唱着《赞罗马》从中穿行而过。聚集在城里的这群人——主人公身处其间——同样令人失望:他们中许多人都趁机洗劫了

---

① I. Calvino, *L'Entrata in guerra*, op. cit., p. 498 (123). (译文引自《短篇小说集(下)》,第 316 页。略有改动。——译注)

② I. Calvino, *Gli Avanguardisti a Mentone*, in «Opere», vol. I, p. 506. (译文引自《短篇小说集(下)》,第 325 页。——译注)

那些千疮百孔的房子。

  那时,一种高贵的辛酸感印记在我很多的思绪里;高贵是我思考和反对法西斯主义事物的方式。那天晚上对我来说,法西斯、战争,我那些同志的庸俗完全是一个东西,一切都把我卷入一种相同的厌恶感之中,我感到不得不服从这一切,毫无出路。①

  作者在描写中有意轻微嘲弄了那些青少年的所作所为。他们以征服者自居,但只找到了经过劫掠后被遗留下来的东西:无用的小摆设、衣柜上的锁、网球拍、飞利浦的灯管、轮胎、女性丝袜、一条苏格兰围巾、一个烟斗,还有一张达尼埃尔·达里约的画像、一本莱昂·布鲁姆的书。他们寻找值钱的东西,但银器、挂毯,所有可能值点钱的东西都已经被军事当局洗劫一空。这些年轻人都偷了东西,周围看着的人都是共犯,所有人都偷了,除了主人公,他本希望自己什么都不知道,也什么都不想拿。但仿佛受到讽刺力量的意外驱使,他偷取了法西斯大楼的大门钥匙和房间钥匙,更讽刺的是钥匙上有"NEW CLUB"字样:这就是他的战利品。他立刻承受不了沉重的羞耻感,决定将所有钥匙扔进一个水缸,却鬼使神差地留下了自己取下的第一把钥匙,也就是可以打开法西斯大楼正门的那把:他偷了那些小偷的东西。他意识到这一事实时,却因讽刺

---

① I. Calvino, *Gli Avanguardisti a Mentone*, p. 512. (译文引自《短篇小说集(下)》,第331页。——译注)

而感到嘴里一阵苦涩。

第三个故事《国家防空联合会的晚上》同样记述了一段觉悟的过程。这个故事更为生动和感性，意识形态意味更少，着重讲述了一点点直面现实的必要性。跟该系列里的其他故事一样，这是一个非常精彩的故事，讲述了一个青年在夜晚游荡，战争的历史正使他向成熟蜕变。故事讲的是最后的童年游戏，年轻人以为自己第一次摆脱了那些束缚童年的力量，却是个假象。故事发生的契机是，一旦有敌情，一些公共建筑——在这里还是学校——就要有人看守；按规定，每星期应有两个人来巡逻一次。一种解放的感觉——这是主人公第一次离家过夜——让他在执勤的第一晚对所有不可思议的消遣活动都跃跃欲试，也让他想要搞清楚自己在期待什么。他期待的东西模糊不定、没有边际，仿佛理性迷失在感性的海洋里：

> 尽管我们说过："我们会做这个，会做那个！你会看到我们玩得有多带劲！"在那个周五之前的日子里，虽然我们也尽可能地计划过和打算过，但我还是在等待，等待那个晚上，会有点其他什么东西，虽然我还表达不出来：那是一种新的发现，虽然我还不知道那会是什么，对于夜晚的发现……我都能感到夜晚陌生的时光像泡沫一般溢出，在我的想象中，就好像一片难以看清的大海。[①]

---

① I. Calvino, *Le notti dell' UNPA*, in «Opere», vol. Ⅰ, p. 526.（译文引自《短篇小说集（下）》，第347页。——译注）

漫游开始了,在走街串巷中与长夜缠绵,在种种不期而遇中追寻谜题的答案,追寻各色人物,追寻滑稽或怪诞的场景。在这里,夜晚意味着从一种状态到另一种状态的过渡,从开始的自由感受,到眼下的不知所措。

可能经历的东西越来越多,主人公却心生不快,他明显感到一种犹豫和逃避的力量,使他一遇到意想不到的情况便想要逃避——就像前一个故事中那样。意想不到,是因为某个禁令会不容分说地突然出现,他所受教育中的道德律令使他连再微小的行动都无法付诸实施,也使那个遥远的意志空间变得清晰起来,那个空间曾是隐藏起来的,曾因力量超级强大的优柔寡断而停在远处。于是在夜晚将尽时,答案出现了,这是故事的第一个结论,那就是与夜晚分手,离一场本就不可能结的婚[1]:

> 我来到港口。海上没有光亮……我面前是一座城市和它缥缈不定的灯光。我是既瞌睡又失望。夜晚在拒绝我。而我也不再对白天有任何期待了。我该做什么呢?我渴望自己能迷失在夜晚中,渴望把自己的灵魂和肉体都献给它,献给它的黑暗,献给它的反叛,但我明白,它的迷人之处只在于那种对白昼沉默而绝望的否定。[2]

我们要特别指出的是,整整一代人,也就是全盛时期的新现实主义一代都使用过类似的再现方式。新现实主义发明了一种富有

---

[1] 表达出这一隐喻的情节是,青年拒绝与朋友介绍给他的妓女们发生性关系。
[2] I. Calvino, *Le notti dell' UNPA*, op. cit., p.543.(译文引自《短篇小说集(下)》,第367页。——译注)

表现力的诗意:游荡是罗西里尼诗歌中的原始意象;游荡,以及淹没了前一日的昏暗地平线的黑夜,则是费里尼早期和晚期创作论中的基本主题;这些意象也重复出现在帕索里尼的写作与电影作品中。我们能够看出他们之间的各种关联。我们曾经指出,在卡尔维诺的写作中,追问夜晚却得不到任何可信的答案,可能源于莱奥帕尔迪的作品——他奋力追问黑夜却不得其解:散落的黑暗浸没在海里,海难不可想象却性命攸关;卡尔维诺剔除了对黑夜这件外衣做过度修饰的外部元素,比如月亮和星星,而用酷似蒙塔莱的水晶质感的文笔,还星月以光辉。

在第一个结论尚不确定之时,一个焦躁而强势的父亲形象出现了,这是早前的作品中出现过的父亲①:确定性的王国就此关闭,在记忆的刻画下,这个形象纯粹起来,刺激着每个人在对抗一切之前,先去"对抗"历史的精准重复,"而他永远不会知道,我跟他曾是如此地接近过"②。这个故事写于1953年,两年前,也就是1951年10月25日,卡尔维诺的父亲去世了,而他这个儿子并不在身边——正在苏联长途旅行。故事的第二个结论终于调和了"当下"想起的过去的种种片段,更好地解释了卡尔维诺所用的"战利品"一词,它未必不是一种内心的强烈情感,它在努力化解矛盾的同时,也在留下自己的印记。

---

① 主要参看《圣约翰之路》,还有《最后来的是乌鸦》里的几个故事;一些关于父亲的主题和母亲的形象经过反复加工后一再出现。卡尔维诺早年写的一些很短的文字也会反复出现在他后来的作品中。他在重复中进行改写,产生了主旋律的变奏,将所有作品织成了一张网——作者非常在意的形象。
② I. Calvino, *Le notti dell' UNPA*, *op. cit.*, p.545.(译文引自《短篇小说集(下)》,第369页。——译注)

* * *

从表面上看,卡尔维诺的人生经历过一些大变动,说"表面"是因为事实上他自己的立足点从未改变,就像他曾数次远游,但都带着明确的目的:或为工作,或出于各种兴趣。而他的创作似乎有规律地前进着,连续跳跃几下,再回到过去的某个时刻,如此来来回回形成了一张网。卡尔维诺穿梭在这张网中,就好像害怕自己有东西忘了说,就好像担心自己在做选择时太过南辕北辙,尽管他的选择看起来都是斩钉截铁的。于是我们看到,经过几次跳脱之后,卡尔维诺在迟些时候回到了新现实主义的思路,这位作家走进了人生的秋季。

这一转变对他来说势在必行,因为他渴望一个别处(ailleurs),一个可以被轻易转化为写作空间的别处。1951年10月到11月间,受《团结报》派遣,卡尔维诺在苏联度过了五十多天。他接受了专栏"伊塔洛·卡尔维诺的苏联旅行日记"的写作任务,他所写的通讯稿件发表在次年2月至3月的版面上,为他赢得了圣文森特(Saint-Vincent)奖。"他有意回避对苏维埃的现实做一般的意识形态评判,而是着重抓住了日常生活的细节,从这些细节中浮现出一幅积极乐观的画面:'在这里,社会如同一台巨大的天赋吸收泵;每个人最好的部分……如果有的话,必须以这样或那样的方式,迸发……'尽管,从某些方面看来它也有所保留。"[1]

---

[1] M. Barenghi, *op. cit.*, p. LXXI. 卡尔维诺的话也引自此文。

1951年是个重要的年份,还因为它代表卡尔维诺的写作开始发生决定性的转变。正是在这一年,"三部曲"中的第一部《分成两半的子爵》出版了,卡尔维诺选择用"三部曲"统称构成一个系列的三部作品。

《分成两半的子爵》让我们看到,分裂、切割、无法弥补的裂痕是作者取之不竭的一大灵感源泉,因为它发展出一种"理性神经症",作用于隐匿在作者精神世界里的两个部分——叙述的意图与写作的渴望——而在这一时期,作者还无力也无法在两个部分之间做出选择。或许正是因为更敏锐地意识到了这种犹豫不决的个人状态,他才在身处的历史中看清了自己,于是写下了这部关于人的分裂的长篇小说。然而,自写下《通向蜘蛛巢的小径》以来,最深层的意义还未被触及:如果说在《通向蜘蛛巢的小径》中,历史与人性未能达成可能的融合,那么这种不可能性在《子爵》中则以善与恶的形式得到了描述,二者化身为本能与理性,这正是存在(l'être)所无法回避的状况。在"三部曲"完成后,卡尔维诺一如往常,回过头来为这些作品写了一系列注释和介绍。在英文版的前言中,他"轻描淡写":

> 我的第一个短篇(novel)……和早期的小故事(short-stories)讲述了一些流浪冒险故事,它们发生在战时和战后动荡的意大利。此后,我数次尝试写出"能够反映意大利社会问题的真正的现实主义小说"①(我那时是所谓的"政治介入型作

---

① 作者故意在此短语的所有单词之间都加了连字符,"伪造"出一个专有名词。——译注

家"),可是我没有成功。后来,1951年(那时我二十八岁,完全不清楚是否要继续写作),我开始用一种对我来说更为自然的方式工作,也就是追随那些我从童年开始就深深着迷的阅读记忆。我不再逼自己创作一本我应该写的书,一本别人期待我写出的小说,我更愿意想象一本我自己会喜欢读的书,一本在谷仓里发现的书,它的作者不详,它来自另一个时代、另一个国度。①

1960年,卡尔维诺为《我们的祖先》写了两篇介绍文字。其中一篇未曾公开发表,援引如下:

> 我把三个故事放进了这本书里……它们的共同之处是不真实且发生在遥远的年代和想象中的国度。尽管几个故事各自有着其他完全不同的特色,但正是由于这些共同特点,它们才似乎构成了人们习惯说的"环"(cycle),甚至是"一个闭环"(也就是说结束了,因为我不打算写其他故事了)。眼下我应该做个总结,解释我为何写下这些故事,我想说什么,在写这些故事的过程中我收获了什么。
> 我开始了。我着手写三个故事的梗概。我尝试着将机关算尽:每一次有什么东西没算到,我都会觉得没算到的才是最关键的,于是我全部推翻。我想要制定一张当代人类的系谱

---

① 卡尔维诺为《我们的祖先》(*I nostri antenati*, Secker & Warburg, Londres, 1980)的英文读者所写的介绍,in «Opere», vol. I, pp. 1306-1307。

树（arbre généalogique），可是系谱树是神秘的植物，人的特征是经由那些无法预料的组合传承的。我把查理大帝的武士出现在先作为借口，将最后写完的《不存在的骑士》排在第一个。我的真实理由是，我尝试用这三个故事重构一种哲学，如果将《不存在的骑士》放在最后，在我看来就是把所有难题又提出来了。由于我自身的性格，也由于我所受的意识形态教育习惯将思考的构建过程再现为一个实证的过程，我想要将《不存在的骑士》放在首位，它是对存在的争取；然后是《分成两半的子爵》，它是对一种完整存在的向往；放在第三位的是《树上的男爵》，以此提出一种并非个人主义的自我实现方式，即忠于个体的自决（autodétermination）。

　　这行不通，我又全部推翻了。这三本书是铭刻在时间里的，与它们的年代不可分割，故事会诞生就是因为我想抓住留不住的东西：这是一段个体的、集体的生命历程中的三个时刻……我又一次全部推翻。我的目标太高了：它们是游戏……

　　一部作品有诗性生命力的证明，就是作者无法再向其中添加任何一个字，这时一切都对了。如果是这样的话，那么这三个故事甚至都没写完。

　　有人说它们是"哲学童话"，可是启蒙时代的童话作家们写每一个故事时，脑海里都有一个要宣扬的明确主题，哪怕故事是以讽刺形式写就的（在这个脉络里，最后一位了不起的醒世作家是贝尔托·布莱希特）。而我不是这样。**写这些故事时，我总是以图像开始，从不是以概念开始。**我是这样的人：我相信如果一个故事在诗性层面讲得好，其中的教诲就会被很好地传达；如果一个故事在诗性层面讲得差，那么其教育作用也差，不管作者的教育本意如何。

有人说我接近那些在英伦唯美主义的边缘开花结果的，写奇幻故事、历史故事、历险故事的作家，比如我所钟爱的罗伯特·史蒂文森。不过，这些作家显然不用在每天早上看到报纸带来的当日新闻时感到紧张。我喜爱在他们的字里行间所品尝到的平和，可我是我的时代里焦虑的孩子，我完全不羡慕那些作家。

那么超现实主义呢？可我与潜意识的关系跟超现实主义者们不同。我不喜欢梦境，我喜欢清醒时的幻想。（我们可以确信，潜意识无论如何都表达了某种东西。）

或许，要对这些故事进行分类，秘钥就在本书封面上毕加索的作品里。毕加索是个典型的爱幻想的外向型人。他感觉得到飘浮在他那个时代的空气中的所有忧虑，也发现得了幸福的任何蛛丝马迹。他正在寻找新的符号来表达他的思考与情绪里发生的一切，以及所有人的思考与情绪里发生的一切。

毕加索是告诉我们真相的人吗？是毕加索一次次找到了新的方式——他自己的方式——将真相告诉我们，还是，他固执地要将复杂性还原为单一的模块、某一风格，他反复敲打着同一枚钉子，才从一个有限的世界开始，从简单地清点物品、面孔、风景、说话方式开始，凿穿了真相的金块？

……帕韦泽……在他最后的理论写作中总结过，我们今天无法写出发生在其他时代的寓言故事或奇幻故事。他坚持认为诗意（用他的话说是"神话"）的出现，需要和时代、地域、欲求及经验紧密相关的形式与符号。在帕韦泽写下这些话的时候,在我看来,显然,我无法认同他的说法。我那时无法预见的是,距他去世不到一年,我会开始写《分成两半的子爵》。

过去我写的东西,帕韦泽总是第一个读的人,这次他或许会赞赏我,我应该认同还是拒绝他的赞赏?可严格如他,我又表示怀疑。不过,我确信,在抛开对客观事物的忠诚之时,我拯救了某种更为本质的东西:一种气度、一道锋芒、一种律动、一种严密,所有那些在抵抗文学中,我们认为事物所固有的,也是人类故事的客观旋律所固有的东西。然而渐渐地,客观性正在重构出一个越来越陈腐且消极的画面、一段失去了冲动的旋律。我写这三个故事,是希望重新找到——并且要保证让它鲜活地在现实中流转——那种同时存在于个体与集体之间、生存与理性之间、自传与历史之间、抒情与史诗之间的张力,它属于一个世界文学的时代,也属于一个意大利文学的时代。而唯一可行的方法就是忠于这个时代。

五六十年代,一堵厚厚的墙形成了。这些岁月外表富足,我们的生活也更加舒适。可是事实上,那是一段艰难的年月,我们时而必须咬紧牙关,时而必须充满希望,时而再次坠入悲观与犬儒,我们也因此为自己筑起了层层防御工事。我们多多少少都失去了自己的一部分。对我们和其他人来说,只有我们成功留下来的东西才重要。对我而言,通过这三个故事,我确信自己将什么东西从曾经的"另一头"救回来了。

我不知道之后会写什么。经验告诉我,宣布自己的创作意图毫无价值。诗性的生产是所有生产中最为物质性的:只有做出来的东西才算数。生产钢铁或者火腿可以有一个理想的配方——统筹。在文学中没有这回事：有就是有，没有就是没有。我们不能说谎，哪怕出于好心也不能。

十年来，我一直在写现实主义的故事，可总有一天我会写出消极的故事，关于失败的故事。写出此次结集出版的三篇奇幻小说，是因为我感到需要表达一种积极的力量，它自有乐观的一面，但"不说谎"。

我重读了阿里奥斯托。一直以来，在拥有相同文化传统的诗人中，他让我觉得最为亲近，同时，他的魅力也是最难说清的。他清澈、欢快、不迷信、没烦恼，但他其实又如此神秘，如此善于隐藏自己。阿里奥斯托所写的故事，其悲剧深度远不及后来的塞万提斯，然而，他一贯轻盈而优美的文笔中却带着如此多的伤感。阿里奥斯托，如此善于打造一首首八行诗，让最后两句的韵脚形成讽刺的对位，他的炉火纯青有时让人觉得，写出这么疯狂的作品是因为严重的强迫症。阿里奥斯托，如此热爱生命，如此感性，如此现实主义，如此人性……

他与骑士文学的关系复杂：他看待一切的方式就是进行嘲讽性的改写，但他从不小看骑士精神所传达的基本美德，他从不贬低演绎出这些故事之人的观念，尽管他只是把这些故事转译为节奏与色彩的游戏。他这样做是为了从故事里，从产生这些故事却又丢失了这些故事的世界里拯救出某些东西，这些东西只能通过这样的方式得救……

在我看来，骑士小说的作用已经被当代行动小说和历史-存在主义的介入小说所取代：海明威、马尔罗……在我开始写作的1945—1946年间,我把他们视为榜样;时至今日,我仍想从他们当中拯救出某些东西,可除了像阿里奥斯托一样,我看不到还有其他可能的态度。

今天我们应该摆脱阿里奥斯托,而不是延续他吗?不,他教导我们,智慧来自——甚至主要来自——想象、讽刺、形式的精确。他教导我们,这些品质本身都不是目的,它们的作用在于帮助我们构想一个世界,让我们更好地审视人类的美德与罪恶。在已经有了电子大脑和太空漫游的时代,他所教给我们的这一切都是切实的、必要的。我可以确定,这是一种向着未来,而非向着过去的力量,这种力量激励了罗兰、安热莉克、罗杰、布拉达曼泰、阿斯托尔福……[1]

这个未来也是卡尔维诺本人的未来。留意一下作者在这一时期所关注的文化内容,我们能够发现,除了卡尔维诺在文中提到的作家以外,还有哪些作家为《分成两半的子爵》的写作提供了灵感来源。在开篇描写皇帝未曾来此安营、战役未曾在此打响的那片草原时,我们会发现有几页内容在呼应扬·波托茨基的《萨拉戈萨手稿》,正如梅达尔多子爵和他的马夫库尔齐奥神似塞万提斯笔下的堂吉诃德与桑丘·潘沙。对于分成两半后的两个舅舅与外甥之间的关系的描写,则带有劳伦斯·斯特恩《项狄传》的叙述特色,在书的结尾处,人物重又合为一体的情节也暗中指向了这部作品。

---

[1] 卡尔维诺于1960年写下的关于《我们的祖先》的介绍,未曾公开发表,in «Opere», vol. Ⅰ, pp. 1220-1224. 楷体部分是我们所做的强调,后文的分析中将会涉及。

梅达尔多先是被分成两半,后来又得到重塑的奇思妙想,使人想到玛丽·雪莱及其笔下的怪物弗兰肯斯坦。人物一分为二、一个想消灭另一个的人物设置,带有流行传奇小说《铁面人》的痕迹。我们会从其他人物的身上——发现霍夫曼、《格列佛游记》《吹牛大王历险记》。此外,故事中唯一具有情色意味的女性角色帕梅拉·马可尔菲身上,结合了南方文学与假想的北方文学,她既让人想到塞缪尔·理查逊[1],又呼应着朱利奥·切萨雷·克罗齐的《贝托尔多》中的女性人物马可尔法——贝托尔多的妻子、贝托尔迪诺的母亲,集天然的柔情与敏锐的头脑于一身的农家少女。

于是我们也可以重新描绘出一些谱系,而且我们必然会走向《圣经》:卡尔维诺的作品对这样的游戏早有准备,而他本人在邀请我们从他的故事中发现那些似乎已经亡故的作品时,也是在推动我们走向《圣经》。如童谣般永不枯竭,正是卡尔维诺作品所固有的品质。更神奇的是,我们发现在这些作品中暗藏着卡尔维诺本人的痕迹。对此,我们可以以"外甥"为例。我们不知道外甥的名字。在每个人名都有着比较明显的指向意味的网络中,这个外甥如同《通向蜘蛛巢的小径》里的皮恩再世,他不活在故事所提到的任何一个地点,却又活在每一处,他知晓所有人和事,去四处满足好奇心。这个纯朴正直的孩子,在某种程度上也被分成了两半,他需要以扫(Esau)才能恢复完整。他的另一半让他在一个神秘的洞穴里认识了丑恶,这个洞穴与蜘蛛巢十分相似,他们在里面玩骰

---

[1] 塞缪尔·理查逊(Samuel Richardson,1689—1761),英国著名小说家,代表作有《帕梅拉》《克拉丽莎》等。——译注

子,就像在《伊利亚特》中,涅斯托耳(Nestor)发明了一些游戏来忘记战争意味着死期。

* * *

回看卡尔维诺有关"三部曲"的这份未发表的声明时,若我们抛开其中所涉及的严格的历史,留意他的一些说法或许会很有趣,因为这些说法似乎无意间游离出了整体。我们在文中感受到,作者在努力地总结、明确一些核心概念,正是这些概念推动他的思考走向了那样一些地带与边缘:在这些地方,对现实主义的认识及对这种认识的再现开始以不同的方式明确起来,在此时还未被察觉的褶皱(pli)中,已经预示着有些东西正在生成。

具体而言,"三部曲"首先对一般意义上的存在提出怀疑,并且试图概括出一些有序渐进的范畴:我们从对存在的争取(《不存在的骑士》)到完整意义上的存在(《分成两半的子爵》),最终来到了为存在而战——努力在集体中实现自我,同时保持对个人自由(individualisme)的忠诚(《树上的男爵》)。作者用这样三个阶段从历史与辩证法的角度解释了自己的创作。这种三分法尽管以内容的现实性为基础,却似乎完全不适用于现实,因为不具有可操作性。对此有两种可能的解释:第一种如作者所强调的,因为他总是从图像出发;第二种解释则直接来自我们前文的推论——他将几个概念机械地孤立起来了。

因此,卡尔维诺这番话里有几个重要的定义,反映出他对概念的整体认识,他所说的"留不住的东西"也是尚不确定的事物,是因为"这三个故事甚至都没写完"。卡尔维诺感到,即使不去讨论承继关系,也有必要追溯一下他深植其中的文化传统,并根据这一传统重新定义自己。可是突然间,让他激动的不再是自己能够确立一些范畴,并假设通过它们能推导出一个单一模型——和单一风格——而是他有可能意外地走出一些新路子。换句话说,卡尔维诺试着构想一种实验并实现它。如此看来,卡尔维诺对帕韦泽的追忆意味深长,他"深爱"这位年长的朋友,但这位朋友对客体的认识他并不认同——或至少是保持距离,因为对客体的认识是具体事实的基础,一切有关叙事话语的真实主义(vériste)和新现实主义(néoréaliste)思考都以具体事实为前提。卡尔维诺以一种全新的方式让尚未被发掘的历史材料焕发出价值,要了解卡尔维诺的故事和他的写作,这些材料将必不可少。这些新的材料不再是帕韦泽所主张的"时代、地域、欲求及经验",而变成了气度、锋芒、律动、严密、张力。它们既是个人的,也是集体的;既是本能的,也是理性的;既是抒情的,也是史诗的。

通过一步步地发现和一点点地付诸笔端,卡尔维诺重新定义了自己的写作。这让我们现在必须看向卡尔维诺所说的"另一头",也就是不再看向一个外部的、被外在化的过去。纠缠于这样的过去,有可能是同时在为事件、历史和作家开脱,如果大家都在为已经发生的过往做辩解,那么这三者就都不存在了。重要的是有能力说清楚在事件发生的确切时刻发生了什么,在这一时刻,正在发生的事件被把握住了,对事件发生的不断反思将抵达创造的行动。

因此,"另一头"这个说法也是卡尔维诺追问的一个重要问题,它与一个更具总体性的问题相关,即卡尔维诺作品中的视野(vision),包括如何重新定义客体——任何客体,因为客体出现在各种感觉(sensibilité)中会发生种种变化,感觉即依赖于主体的身体,主体决定了视角。从这"另一头"看去,事物的本质显示出变化纷繁的多样性(multiplicité),如同一个个无法预料、持续变化的世界,这些世界能够"表达一种积极的力量,它自有乐观的一面,但'不说谎'",让"一贯轻盈而优美的文笔中带着如此多的伤感"。[1] 总而言之,总体性不能再被误认为一个完整的剧情,不管是真实的还是虚构的剧情。相反,总体性必须在对多样性的转写(transcription)中被感知到,多样性不仅是总体性的基础,也是天马行空的边界——即使在发明一个虚构的剧情时也不得逾越。

* * *

这些目标最终如何汇成了"三部曲"?当然,我们不能说这三部小说里没有情节或事件。甚至必须指出,作者在叙事上的强大表现力让小说具有了传奇故事性(romanesque)——最经典意义上的故事性,比如故事情节的发生遵循历史化(historicisée)的框架,或者至少被虚构得煞有介事。但同样确定的是,支配小说发展的三个剧情在历史上无法证明,它们是纯粹想象的产物。还必须指出的是,卡尔维诺试图借助这一"三部曲"摆脱教条主义。在那个

---

[1] 楷体部分引自前文中卡尔维诺所写的介绍《我们的祖先》的文字。*Nos ancêtres*, *op. cit.*

年代,教条主义充斥于历史评论,尤其是有关历史小说的评论,这类评论细致入微地描述了资产阶级小说里的人物活动及外部必要性,却无法解释其内在的美学特质。写这些评论的人通常忽略所有现象学问题,而强调一种在作品产生本身之外的辩证法。[1]

然而,卡尔维诺回应的是一个基本问题,这个问题是与他几乎处在同一时期的其他风格迥异的作家——比如让-保罗·萨特和米歇尔·图尼埃——共同关心的:如何复兴大众文学?如何在似乎已经被权力和法律制度化并确定下来的现实内部,让德勒兹与加塔利所描述的"弱势"(mineure)文学[2]显现?我们发现了——当然不只是在"三部曲"中——一些基本特质,它们可以直接或间接地回答大众文学需要具备哪些特性。其一是一种再辖域化(reterritorialisation),就卡尔维诺的作品来说,它覆盖了被讲述的事件,以及叙述行为(包括情景的所有变化、对话和表达方式的混合)的时间与空间。其二是个体(l'individuel),它在凸显自身的独特性时,也在重新定义一种"当下政治",也就是一种介入行动,以此提出一些不以"英雄主义"为成长条件的具体发展模式。("三部曲"中的人物如此,同时,皮恩如果不是其他人物都在他身上有所反映的一个典型,又能是什么呢?)其三是一种陈述方式(énonciation),它实现了集体性的部署,同时,陈述的对象不仅是其所认定的自己

---

[1] 我们认为尤其典型的是卢卡奇(G. Lukács)的《历史小说》(*Le Roman historique*, Paris, Payot, 1965)。有关此论点所涉及的整体问题,同时参看题为"关于小说"(Sul romanzo)的一章, in «Saggi I», «Opere», vol. IV, pp. 1507 – 1537.

[2] 参看 G. Deleuze, F. Guattari, *Kafka. Pour une littérature mineure*, Paris, Minuit, 1975, 重点参看第三章, pp. 29 – 50.

人,还有在一个全新领域内(即"故事"内部的一种并非静态的话语,它随着故事的人物而发生变化,人物发现自己正在制造这种话语的同时,便也感到这些话语正在离他而去)被发现的理想对话者。

而且,卡尔维诺也试图定义自己创作中的这一历史时刻,用这个定义回应有关历史小说的争论中那些没有得到回答的质疑。他首先提出了"帧"(trames)——直接来源于幽默画领域的概念。在编造或讲述一个缺少历史时间和地点的故事时,人们倾向于认为故事发生在讲故事或写故事的时间和地点。就算有明确的历史参照,这些参照也是格外靠不住的,因为间接材料会不断地否认它们,开玩笑似的在其中捣乱。比如书中有土耳其人,有皇帝,子爵有一个响亮的姓氏和一个完全可信的名字,可是当外科医生们在战场上回收梅达尔多的遗骸时,我们就知道这一切不能信以为真:

> 残缺不全的身躯令人毛骨悚然。他少了一条胳膊、一条大腿,不仅如此,同那胳膊和大腿相连的半边胸膛与腹部都没有了,被那颗击中的炮弹炸飞了、粉碎了。他的头上只剩下一只眼睛、一只耳朵、半边脸、半个鼻子、半张嘴、半个下巴和半个前额;另外半边头没有了,只残留一片黏糊糊的液体。简而言之,他只被救回半个身子——右半边。可这右半身保留得很完整,连一丝伤痕也没有,只有与左半身分割的一条巨大裂口。①

---

① I. Calvino, *Il Visconte dimezzato*, *op. cit.*, p. 375 (18).(译文引自《分成两半的子爵》,吴正仪译,译林出版社 2012 年版,第 10 页。略有改动。——译注)

现实发生位移和失衡的情况同样发生在"三部曲"中另外两个故事的人物身上。柯西莫——《树上的男爵》的主人公——永远无法把自己被割裂于天地之间的两段生命聚合在一起。树丛这个无主之地(no man's land)临时收容了他的自由——在地面难以为继的自由——成为他的王国。他栖息在此，徘徊在相对的垂直与水平之间，一半是离开了陆地的动物，一半是被迫定居的鸟类。而那个不存在的骑士阿季卢尔福是一副"插着彩色羽毛的白色盔甲"[①]。他全部的所思所想其实来自另一个身体、另一个头脑，也就是写出他的那位修女。每个人物都必然遭遇一个强有力的换喻情境并最终挫败。作者甚至已经不再玩弄隐喻的游戏了，而是用货真价实的乾坤大挪移，描绘出人类无法依附于一种总体性，无法活在本体论上简化为善恶二分的整体之中。存在始终是分裂的，无论是小说所选取的历史材料，还是其中表现出的时代特征，都再现了这种分裂。在成长和觉醒的过程中，每个个体都要经历这样的故事——被四分五裂后无法完整如初。这些经历成为他的一部分并组织起他的人生，即使他身在一个集体中——人们认为集体可以吸收并愈合伤口——也无济于事。

　　碎片无法重组的情节经常出现在故事中，而且表现得近乎直白。比如《分成两半的子爵》中的外公，即梅达尔多(他的名字有"半支箭"或者"箭当中"之意，已经暗示了其命运)的父亲阿约尔福，派出了一只鸟——一只伯劳，意大利语叫"averla"，这个名字不是随便选择的，因为从语义学上看，这个名字意味着他的儿子从此

[①] I. Calvino, *Il Cavaliere inesistente*, op. cit., p. 958 (12).

被剥夺了"拥有"(l'avoir)。同样,这位父亲去世时的凄美场景,也在表达一种徒劳的重组,重组注定破灭的无望的总体性:

> 鸟儿们都围绕在他的床边飞。自从他躺下之后,它们就一齐飞来飞去,不肯停落,不停地扇动翅膀。
> 第二天早晨,奶妈向笼里张望,发现老子爵阿约尔福死去了。所有的鸟儿都停栖在他的床上,好像飞落在一根海面漂浮的树干上。①

被重组的总体性始终指向一种永远无法回避的无限性(immensité),在这无边无际之中,幸福是一段无法触及、漂浮无着的过往。大海构成了这个意象,但它并未淹没一切:它在看似吞下时,会做出一个相反的吐出动作,就像奇怪的特里劳尼大夫,他骑着一只波尔多酒桶到来,又骑着一桶"坎卡罗内"红酒从来时的那片海回去了。于是有了梅达尔多的一番宏论:

> "你去捉螃蟹吗?"梅达尔多说,"我逮水螅。"他让我看他的猎获物。那是一些棕色和白色的又粗又肥的水螅。它们全被一劈为二,触角还在不停地蠕动。
> "如果能够将一切东西都一劈为二的话,那么人人都可以摆脱他那愚蠢的完整概念的束缚了。我原来是完整的人。那

---

① I. Calvino, *Il Visconte dimezzato*, op. cit., p. 380 (25). (译文引自《分成两半的子爵》,第 16 页。——译注)

时什么东西在我看来都是自然而混乱的,像空气一样简单。我以为什么都已看清,其实只看到皮毛而已。假如你将变成你自己的一半的话,孩子,我祝愿你如此,你便会了解用整个头脑的普通智力所不能了解的东西。你虽然失去了你自己和世界的一半,但是留下的这一半将是千倍的深刻和珍贵。你也将会愿意一切东西都如你所想象的那样变成半个,因为美好、智慧、正义只存在于被破坏之后。"

"哟,哟,"我说,"这里螃蟹真多!"①

在对这样一种场景的一再表现中,我们发现了卡尔维诺喜欢使用的一种写作手法。我们对这个手法也分析过几次了,那就是对拥挤、聚集的表述——在这里是螃蟹和水螅的触角。从这些描写中,我们读到的不是现实中的自然与动态,而是事物不自觉地隐藏起来的真实一面。我们读到的不是事物由什么构成,而是让事物得以存在的根本,也就是故事中的梅达尔多用嘲讽的口吻总结的、人类一致向往的三样东西:美好、智慧、正义。

* * *

在写作的形式上,一些相似的挪移手法使故事元素产生浮动:"三部曲"的每一个故事中,中心人物都不完全是其奇特经历或人生大事得到描述的那个人;他总是有一个分身在进行讲述,让文字

---

① I. Calvino, *Il Visconte dimezzato*, *op. cit.*, p. 403 (59-60). (译文引自《分成两半的子爵》,第40页。——译注)

的出现如同连环画中的指示文字(didascalie),既是写下文本,也是写下画面。外甥、兄弟和修女都承担主人公的功能,他们的强烈意味在于,单一的个体生命无法独存于自己的领地。这个意味在第三个故事《不存在的骑士》中最为明显,或许是因为跟前两个故事相比,这篇写得更成熟吧;也可能是因为这个故事用了换喻手法——从修女的形象开始——所以显得更有力量,也更贴近作家卡尔维诺自身的创作现实;也可能是因为最终发现修女才是故事的原始作者,能产生出人意料的效果。

《不存在的骑士》中,修女在厨房的楼上写作,楼下传来的是修道院日常的各种声响。她周围的修女在纺织,而写作也如同针织,借一根鹅毛笔缓缓织就一曲宣叙调。两条分明的线索平行延伸:讲故事的声音与剧情的发展,写作与思考。在作者的笔下,讲故事的语气怡然自得,并且依照一种于美学层面必不可少的游戏规则在文中产生效果。比如讲到梅达尔多子爵在被分成两半之前的不眠之夜时,讲述的口吻抑扬顿挫,如同一段乐曲:

> 那天夜里,梅达尔多虽然感到疲倦,却迟迟不能入睡。他在自己的帐篷周围来回踱步,耳里听着哨兵的呼喝、战马的嘶鸣和士兵时断时续的梦中呓语。他仰望着波希米亚夜空中的繁星,想到自己的新军衔,想到次日的战斗,想起遥远的故乡,想起家乡河里芦苇沙沙的响声。他的心中没有怀念,没有忧伤,没有疑虑。他感到这一切都是那么完满而实在……[1]

---

[1] I. Calvino, *Il Visconte dimezzato*, op. cit., p. 371 (11–12). (译文引自《分成两半的子爵》,第6页。——译注)

这里描述了一场内心的战斗、夜晚的窸窸窣窣,以及一种模糊而短暂的总体性。对这个人物而言,总体性将不复存在于他的"中人之姿"(médiocrité)——"梅达尔多"这个名字就表示了这种中间性质(medium)——而将属于他分裂成的势不两立的两半。①

就像我们在其他故事或情节中看到的那样,描写的作用不仅在于平复情绪或者开启思考,描写通常能够使换喻扩散并增多。通过这些换喻,每一个被命名的事物最终都能借助关联性指向另一事物。于是,故事情节自带的悲观色彩消散于隐而未表的乐观精神,乐观就潜藏在幽默之下,甚至悲观刚一露头,幽默就来将它转移。不过,卡尔维诺在创造人物、情境与主题时使用了矛盾修辞,我们还没有从理论上好好理解它。就好像在这种初来乍到的文学中,在这种全新的美感中,突然不再需要谎言,而是多了一个"什么"(quid)——它改变了文学的轨迹,使之不再走向谎言所打造的确定性,而更趋近于那个不存在或已逝去的"别处"所带来的不确定性。

一开始,状况总看似无法改变,而且总是遵循着一种内在的规律,但接下来一些好笑的原因会引起质的变化:躯体一分为二,在树上流浪,甚或根本不存在,脱离具体现实或完全不可能成真的原因带来了一种全新的状态。这样能行得通,是因为其中的内在规律具有双重性和两面性(duplicité)特征,是善还是恶、存在还是不存在,都听凭它的意愿行事,甚至从表面上都看得出来。同时,正

---

① "médiocrité"(平庸、渺小)与"medium"有相同的拉丁语词根,因此都有"位于中间"之意。——译注

是那些好笑的原因让那个游离的、经验之外的"别处"被换喻为具体而绝不是象征性的价值和力量,有多少价值和力量,就有多少肥沃并充满可能的全新领土。这些价值和力量,对分成两半的子爵来说是爱,对树上的男爵来说是自由,对不存在的骑士来说是写作与创造。

玩笑中出现的这些新状况,并不直接违背规律或标准(nomos),因此不会落入任何谬误的辩证化(dialectisation)。这些状况的出现,侵蚀并瓦解了那些看似一成不变的事物的外壳。作者写下这部作品,正是要挑战条框之下一成不变的写作,用进入死亡之外的存在方式来对抗阻止我们活得"完整"的一切,温柔地引导我们走上这样一片土地:这里不是天堂,但至少并非充满罪恶。

在此意义上,就算我们按照写作的时间顺序来阅读这几个故事,而不去管卡尔维诺本人所给出的次序,也可以发现,《不存在的骑士》用幽默的方式和极度的精确[1],回答了作家(即不存在的骑士)和写作(有写作才有作家)在不同程度上都必须面对的一些根本问题。卡尔维诺玩的不是隐喻的游戏,而是换喻的不断扩散。本质属性决定了那位骑士只能是不存在的。他是一个形式产物,是那位女士将他写了出来、创造了出来。他自身的无本质(non-essence)正是构想出他的女士的处境,她正在用写作创造她不可为之事:正如行动之于写作,从戎之于修女。彼此关联之物却无法组合在一起的剧情再次上演。在《不存在的骑士》中,无法作为的修女,

---

[1] 卡尔维诺在作品研制(poïétique)上的极度精确亦见于非常精彩的《可爱的垃圾桶》(*La Poubelle agréée*),in «Opere», vol. Ⅲ, pp. 59-79 (in *La Route de San Giovanni*, op. cit., pp. 117-158)。

终于通过讲述自己生命里不可能发生的事而活着,她依靠的是写作的力量。通过换喻,写作的力量化身为骑士的铠甲。它坚实,因为里面空无一物,它坚实,只容风从中过:

> 阿季卢尔福和他那一身铠甲却从每条缝隙中被清风穿过,被蚊虫飞越,被月光射透。①

因此在修女心中,在她的写作中,才有愤怒与渴望,因为她无法经历这种不可能,对她来说,那才是有血有肉的世界。但愤怒与渴望并没有因怨恨而迷失,而是通过戏剧性的方式转化成了行动,用刻画、书写使修女成为傲慢的女战士布拉达曼泰。因此,写作也可以是一种行动:从写作到作家的经历就是这样完成的,与曼佐尼笔下那位消极的修女形成鲜明对比。

> 作为叙述者兼评论者的"我"的出现,使得我的一部分注意力从故事情节转移到写作活动本身,转移到复杂的生活与以字母符号排列出这种复杂性的稿子之间的关系上。在一定意义上,与我相关的只有这种关系,我的故事变得只是修女手中那支在白纸上移动的鹅毛笔的故事。②

---

① I. Calvino, *Il Cavaliere inesistente*, *op. cit.*, p. 963 (20). (译文引自《不存在的骑士》,吴正仪译,译林出版社2012年版,第10页。——译注)
② I. Calvino, «Postfazione» ai *Nostri antenati* («Nota 1960»), in «Opere», vol. I, p. 1218. (译文引自《不存在的骑士》,第135页。略有改动。——译注)

＊＊＊

我数次尝试写出"能够反映意大利社会问题的真正的现实主义小说"（我那时是所谓的"政治介入型作家"），可是我没有成功。

重读一下作者在"三部曲"的"介绍"中写下的上述这段话，我们便会明白，尽管卡尔维诺主张在叙事上有所创新，但是回绝新现实主义的诱惑、与新现实主义断绝关系让他为难：他数次重新开始写短篇故事，却经常不成功。其中一些故事常常有一种固定格式，似乎作者要写成电影剧本。比如只写了片段的长篇小说《皇后的项链》，作者的计划是对民众的现实进行描绘。民众即工人阶级——在小说中以两个工人为代表，他们与资产阶级之间爱恨交织。小说中也有流氓无产阶级的身影，一个处在城市与社会边缘、住在窝棚里的男人。《车间里的母鸡》脱胎于前一个故事，二者有很多相同之处——皆写于 1954 年[1]，而且，一个故事里包含多幕剧情的表现和写作形式也颇似剧本。两个故事都算不上重要作品，能吸引读者的无非是技法的相对纯熟、个人才华，以及流畅的文笔。

---

[1] I. Calvino, «La collana della regina», in *Prima che tu dica «Pronto»*, *op. cit.*, 后收录于«Opere», vol. III, pp. 1127 - 1152；以及 *La Gallina di reparto*, in «Opere», vol. II, pp. 1042 - 1050（《皇后的项链》和《车间里的母鸡》的法语版均收录于 *La Grande Bonace des Antilles*, *op. cit.*, pp. 81 - 107, pp. 256 - 264）。

在篇幅更长的故事里,最重要的无疑是《房产投机》[1],这个故事写于 1956—1957 年间,这是作者在个人抉择上发生重大转折的年份,他退出了意大利共产党,我们之后还会谈及此事。这部往往被认为小众的作品,描写了一个人物成熟的过程,描写了一个人在遭遇了一段跨度超越客观时长的经历后,意识如何被改变甚至颠覆。《房产投机》具有浓重的自传色彩,追溯了一个少年在即将成年之际所经历的困境,以及由此引发的深刻而多样的思考。文章开头的风景依旧是里维耶拉西海岸。风景——映入主人公的眼帘,而他只想从中确认一切如旧:

> 他把眼睛从书上抬起来……看到家乡的点点滴滴——墙、无花果树、戽斗水车、芦竹、礁石……还能有什么意思?这一切他都已经烂熟于心了……不过这只成了一种对观察的验证,都还是老样子。[2]

直到最后一幕,行将消逝的阳光在一个房间里的物品上嬉戏,如同人盯着某样曾经熟悉的东西,看它渐渐变得遥远而陌生,不再被生命需要,最终闭上了眼睛,该遗忘了,不必忧伤:

> 太阳早早就消失……百叶窗的叶片间,射在碗柜银质餐

---

[1] I. Calvino, *La Speculazione edilizia*, op. cit.
[2] I. Calvino, *La Speculazione edilizia*, op. cit., p. 781 (9). (译文引自《短篇小说集(下)》,第 506 页。——译注)

具上的光线越来越少,现在只有那一缕光线,穿过最高的几条叶片,在托盘和茶壶有光泽的弧线上慢慢地黯淡下去。[1]

世界缓缓熄灭,消失殆尽。这段描写显然表现了一个人在回看过去时意识到自己已经变了,而过去仍延续在那些老旧之物从此定格的外形上。但文字表达出一种气馁的心情,因为在一个严重各自为政的社会组织内部,任何进步都无法实现,人们的头脑只能做出善或恶的粗浅判断。在曾经作为共同事业的抵抗运动平息之后,农村人与城市人意识里的古老妖魔再次跳了出来。对于像主人公奎因托这样细腻而丰富的头脑来说,任何选择都无济于事,因为做出的选择本应该让他清楚地认识到,在他看来什么才是——从历史上——推动社会新发展的动力。正因为认清了事实,但不甘的内心还在挣扎,不同的人物之间才存在着二重性。这主要通过奎因托和他的昔日同志卡伊索迪两个人物表现出来:前者看来开明,对应着后者陈旧的农民思想——表现为狡猾的沉默和遇事躲闪,在遇到冲突时消极保守,这也主要导致了他社会上升的脚步迟缓。这是那个年代中小资产阶级的典型境遇,他们是分裂的,一边是自身的无产阶级出身,一边是提升社会地位的意愿,在战后重建过程中取得压倒性地位的资本主义有意用劳动将他们异化。

无论在讲述一般状况还是特殊情况时,作者都清晰再现了意

---

[1] I. Calvino, *La Speculazione edilizia*, op. cit., p. 890 (142-143). (译文引自《短篇小说集(下)》,第598页。——译注)

大利社会的重大转变。此时意大利社会的各种冲突,发生在被过分强调的个体意识与日渐受到嘲笑、退居次席的集体意识之间,尽管共同斗争是过往事业所留下的遗产。作者表现这种状况的方式特别值得一提,那就是有意将个人经历巧妙地塞进一个以第三人称讲述的演示性故事中,于是乎,对历史的转写变成了生动的讲述,语带调侃且充当了掺杂着心理活动的背景,不需要走到台前。

从故事的角度来看这一点,我们会了解卡尔维诺在作品中是如何发展新现实主义并独树一帜的。他的独特就在于,他有意同那个焦灼的时刻保持距离,这样才能更"科学"地分析,以各自的方式成为市民群体一员的人为何会被异化。他不仅在讲述每个人的动向时保持着距离——尽管有时说得很直白,更重要的是,他让叙述者的视角迁回到一系列混乱场景,仿佛将自己代入了故事里每个人物的视角。

正是借助这种叙述结构,卡尔维诺才——自觉或不自觉地——与那个正统的意大利新现实主义流派(瓦斯科·普拉托利尼至今仍是其中翘楚)拉开了距离。卡尔维诺的一大重要灵感来源是童话故事,因而他所写的故事、道德童话、寓言故事有一种布莱希特的意味。正是为了写出贴近现实主义的作品,作者才要沉浸到纯粹虚构的小说情境中去。因此,自《通向蜘蛛巢的小径》以来,卡尔维诺似乎只是短暂且近乎违心地追随过纯粹的现实主义主张,而喷涌的想象力似乎才是其每一步创作的动力来源,他对奇幻故事的十足热情就来自想象力。不然,他有必要写"三部曲"吗?

要到更晚一些的 1963 年,卡尔维诺才用小说《监票人的一天》再次走上纯现实主义的道路,尽管他 1953 年就动笔了。跟《房产投机》相比,这篇小说对现实更加绝望,如同现实主义的一次极端实验。小说描述的那个历史日期是 1953 年 6 月 7 日。这一年,左翼政治团体正面对抗他们口中的"legge-truffa"①。在此期间,阿梅里戈·奥尔梅亚②是都灵一家著名机构科托伦戈(Cottolengo)收容所的监票人,这里的老弱病残都被拉来投票。卡尔维诺直言在写这部作品时遇到了挑战和困难:

> 我可以说,写这么短的一个故事我需要十年,我写其他任何作品都没花这么长时间……我参加过一场科托伦戈的选举的现场讨论,讨论是在基督教民主党和共产党之间进行的,就像我的故事里发生的那样……也就是在那时候,我想到要写这样一个故事……我试着写,但没成功……我认为我应该可以写出这样一个故事,只要我亲自体验过监票员的经历,在内部全程参与选举。1961 年行政选举时,我终于有机会被任命为科托伦戈的监票员。我在那里度过了差不多两天,我是监票员之一,负责到病人的床边收集选票。但结果是,我几个月里根本无法动笔:我所看到的那些画面,那些完全不能听、不能说话、不能动的可怜人,有人借牧师和看护之手为他们搞了一出选举代表的闹剧。那些画面太过残酷,只能刺激我写出言辞激烈的檄文,写出反对基督教民主的宣言,写出一连串的诅咒,去抨击一个依靠如此手段获得选票(选票的多少并不重要)来维持权力的政党。总而言之,一开始我缺少画面感,如

---

① "legge-truffa"字面意思是"欺诈法"。这是基督教民主党在 1948 年 4 月 18 日投票通过的一项选举法,多数派政党根据该法自动获得了 51% 的议会席位。

② "Amerigo"(阿梅里戈)与"Italo"(伊塔洛)押韵。

今画面对我的刺激太大。我必须等那些画面稍稍远离，在我的记忆中稍稍模糊一些；我也必须让我的思考更成熟些，让思考所辐射出的意义形成连续的波浪或涟漪。①

《监票人的一天》展现了确定性败在历史轨迹前的一幕，让我们在看到医院里的各种畸形、丑陋与怪异之外，也看到了一个掌握权力的阶级是何等残酷。它也示范了那个经典玩笑——小资产阶级知识分子没有出路，他们的矛盾无法解决。苦涩终会得到化解，因为他们有这样一种思想-感情，试图超越简单的理性判断，去表达相互依存所必需的人性与爱：

> 阿梅里戈心想："好吧，他们就是这样，这两个人只能互相依靠了。"
> 接着他想："好吧，这种活着的方式，就是爱。"
> 他又想道："人类会跟着爱走。人类不受任何限制，除了我们给他的爱。"②

* * *

在《房产投机》(在关注名词"投机"时，也不能忽略作为整体的事件及当时的房屋状况)中展开的情节和写作，以及《监票人的一

---

① «Il 7 giugno al Cottolengo», 与 A. Barbato 的访谈, in *L'Espresso*, 1963 年 3 月 10 日, p. 11, 引自«Note e notizie sui testi», «Opere», vol. Ⅱ, pp. 1313–1314。
② I. Calvino, *La Giornata d'uno scrutatore*, in «Opere», vol. Ⅱ, p. 69 (*La Journée d'un scrutateur*, trad. G. Genot, Paris, Seuil, 1966, p. 125).

天》所展露的丑恶的政治和人性,都能告诉我们卡尔维诺为何在那些年里做出了人生最为重大的决定。1955年,卡尔维诺成为埃伊纳乌迪文学部主任,1956年他出版了《意大利童话》,该书的成功在公众面前确立了卡尔维诺不同于理论知识分子的"寓言作家"形象,这时的他还要继续丰富自己的创作。至关重要的时刻,大概是在意大利共产党机关对波兹南事件和布达佩斯事件做出反应之后,卡尔维诺开始疏远意大利共产党及《团结报》。明确的破裂直到1957年8月才发生,他向都灵联邦委员会提出辞职。在辞职信中,他强调了自己持不同政见的理由,重申了自己对于国际社会主义民主前景的信心,也追忆了意大利共产党的战斗精神如何深刻影响了他的个人成长……

这个时候,卡尔维诺还没有彻底切断与共产党的联系。他的放弃有一个过程,在1980年的访谈中,他也谈到了这个过程:

> 政治在我心中所盘踞的空间较之前要小得多……今天,我认为政治对社会透过其他管道所透露的讯息反应太慢,而且政治常常会有违法和欺瞒之举。[1]

这时的卡尔维诺,即使不打算为自己的新现实主义写作画上句号,也似乎有意尝试不同的道路。当时人们普遍陷入失望情绪,这也体现在卡尔维诺这一时期的一个重要短篇里,那就是发表于

---

[1] I. Calvino, «Quel giorno i carri armati uccisero le nostre speranze», in *La Repubblica*. (译文引自《巴黎隐士》,第188页。——译注)

1958年的长故事《烟云》①。我们可以将这个故事同写于1949—1952年间的《阿根廷蚂蚁》②放在一起分析：二者在主题上都属于幻想故事，都用短小的章节串联起故事的发展，故事中的主要角色都发现了生态问题——谈论生态取代了谈论革命。要被拯救的不再是无产阶级，而是星球。两个故事里都出现了外部入侵的情节，也就是蚂蚁或烟云的入侵。这种设置的作用在于营造行动和思想上的无能为力感。外部入侵这一常见主题显然让人想到工业化世界的污染问题，但更深层的问题则是各国之间制造原子弹的竞赛。主人公对入侵做出的反应是顺从和退却。我们知道，卡尔维诺笔下的人物从来不具备英雄主义的态度。在必须面对的日常现实面前，他们往往站在批判性的角度思考：战争或最基本的生存问题。

卡尔维诺在这两个故事里使用了截然不同的描绘方式。在故事里出场的是一个念头，甚至是一个顽固的、挥之不去的念头，它开始慢慢地侵蚀人类并逐渐掏空人类的力量。

这是种非常细小的、几乎感觉不到的蚂蚁，片刻不停地爬动着，就像是给我们带来的瘙痒同样也刺激着它们……这种令人厌恶的痒遍布身体各处，就算把手握成拳头或是两手互搓，也无法完全制止这种痒，因为总会留下几只离群的小蚂

---

① I. Calvino, *La Nuvola di smog*, in «Opere», vol. I, pp. 891-952 (*Le Nuage de smog*, trad. M. Javion, Paris, Seuil, 1964).
② I. Calvino, *La Formica argentina*, in «Opere», vol. I, pp. 445-482 (*La Fourmi argentine*, trad. M. Javion, Paris, Seuil, 1964).

蚁,顺着胳膊或衣服跑。①

《烟云》的情况一样,上演故事的舞台被烟尘占据。烟尘难以察觉却无处不在,渐渐占领了一切:

> 最严重的问题是书……但是那些书上沾了多少灰尘:我从书架上选出一本,打开之前,先得用块破布把封面封底擦个遍,还有书口,然后还要好好地拍上一拍,准能拍出来一大片的灰尘。于是我又要去洗手……但是翻书时,没用,我会感到手指肚上的那层灰,变得越来越软、越来越厚,这破坏了我阅读的乐趣。我站起来,回到洗脸池边,又冲了冲手,可是现在我感到衬衫上、衣服上也沾满了灰尘。②

在两个故事中,现实的表面渐渐生出裂缝,甚至唯一可感的现实只有裂缝的入侵:

> 反倒是我越细心观察越能发现蚂蚁们来来往往,方向各异,就像我们的家,表面上光亮、平滑得像个骰子,其实早被穿

---

① I. Calvino, *La Formica argentina*, in «Opere», p. 451 (109 – 110).(译文引自《困难的爱》,马小漠译,译林出版社 2018 年版,第 158 页。——译注)
② I. Calvino, *La Nuvola di smog*, *op. cit*., p. 901 (155).(译文引自《困难的爱》,第 203 页。——译注)

孔了,全是一道道的裂缝。①

《烟云》里的人被尘屑困扰,他要应付一个其中的形状越来越模糊的世界,事物的外形越来越不确定,时而轮廓清晰,时而不成形状。对于他还无法认清的这一现实来说,出现条纹只是开始。这些条纹渐渐扩张,最终模糊为某种无法确定、无法捉摸、无法定义,但具有侵略性的东西:

> 我怎么对她说呢?这些东西与……云雾并没有明显的区别,但是它有种说不清的颜色,我都不知道是更偏向于棕褐色还是偏向沥青色,正是这种颜色,或者更确切地说,是因为这种颜色的阴影,这阴影时而居于那东西的中央,时而偏向边缘,显得越来越浓重,使它和其他云雾区分开来……因为很沉重,所以无法从土地上,从城市斑驳的广阔上脱离开来,只是在城市上面缓缓地流动,缓缓地覆盖住了城市的这一头,很快又遮住那一头,流经之处都会留下一条如同肮脏线头般的痕迹,且源源不绝。②

在卡尔维诺之前的作品里,现象世界还是非常具体、可以把握的,现在它四分五裂得无法辨识,且因为这种无法辨识而显得恐怖。

---

① I. Calvino, *La Formica argentina*, *op. cit.*, p. 454 (113). (译文引自《困难的爱》,第 161 页。——译注)
② I. Calvino, *La Nuvola di smog*, *op. cit.*, p. 926 (178). (译文引自《困难的爱》,第 225—226 页。略有改动。——译注)

作者更少着墨于人的精神紧张,而更多地表现人的无能为力——人们遇到了新的问题,全社会都清楚这些问题,但个人在日常生活中就是无法克服。这说明我们仍生活在从祖先传下来的恐惧之中,我们向天与地发出信号,告知我们的存在,我们自己却看不懂这些信号;当我们被大量难以解读的符号所包围,理性和情感对于生存都不起作用了,我们无法掌握自身命运的规律。这种恐惧难免让我们想到卡夫卡式的故事,或者离我们更近的加缪在《堕落》中所描绘的场景,抑或艾尔莎·莫兰黛从《亚瑟岛》到《历史》的一系列作品、安娜·玛丽亚·奥尔泰塞的《鬣蜥》等架空甚至抹除了时间与空间的故事类型。我们对现实的理解之中潜藏着某种原始的东西,这些优秀的故事将它们暴露了出来:我们迷失在符号的迷宫之中,我们无法破解这些符号,也就无法把握自我,我们不断倒在某种状况之下,其实是将自己献祭给了生存本身。这些故事有多重维度,有各种解读方式,它们是开放的故事,但无关形而上学或辩证法原理。在《蚂蚁》和《烟云》中,人的理性表现只是为了给人们已经发现,但在思想和情感上都还无法接受的所有现象,找到一个共同认可的解释,哪怕是无用的解释。然而,再次确认情况悲观时,人们变得消沉了,他们将结论引向自然元素的天然之美,引向一个他们没去过的世界,一个还有情感和美感存在的世界。在《烟云》里面,主人公的活动总是跟一本名为《净化》[*Purification*,在法语里这个词被翻译为"salubrité"(卫生)]的杂志相关。不同于《蚂蚁》中被用来消灭昆虫的理性鲁塞尔式机器(machines rousselliennes),《净化》杂志仪式性地充当了主要净化(cathartique)元素,这甚至已经不是比喻了,因为显然有净化功能的是人自己。于是,

《蚂蚁》结束于这种可能的"净化",结束于人对再次一尘不染的自然的回归:

> 儿子惊奇地回头注视着每件事物,而我们也不得不参与到他的惊讶之中,这种方式,既可以使我们重新接近生活中间或会有的温馨,也可以让我们漠然度过每一天……
> 就这样,我们来到港口,那边有海。有一排棕榈树,还有些石凳:我和妻子坐下来,孩子很安静。我妻子说:"这里没有蚂蚁了。"我说:"而且很清爽,待着真舒服。"
> 海浪上上下下地拍打着堤道上的礁石,摇晃着那些被称作"高座"的船,黑皮肤的男人们把红色的渔网和用于夜间捕鱼的鱼篓装在船上。水面平静,不停地变换着色彩,天蓝色,黑色,越往远去,这两种颜色变得越密集。我想着那无际的海水,想着那底下无尽的细沙,那边有被水流搁下的白色贝壳,它们被海浪冲洗得干干净净。①

《烟云》的结尾也是如此:

> 在草地篱笆和杨树间,我仍用目光追寻着洗衣池,追寻着一些低矮房子上写着的字样:"蒸汽洗衣店,巴尔卡·贝尔图拉洗衣工合作社",追寻着那些土地,那些土地上的女人就像

---

① I. Calvino, *La Formica argentina*, *op. cit.*, pp. 481–482 (143–144). (译文引自《困难的爱》,第 192—193 页。——译注)

收获葡萄一般地挽着篮子,把晾干的衣物从绳线上摘下来,而太阳下的田野让它的绿色映照着片片白色,水潺潺地流淌,泛着浅蓝色的泡沫。可看的东西不是很多,但对仅仅是找寻景象来填充视线的我来说,也许就足够了。[1]

风景重组后,人再次获得了确定性,事物及其组成部分又有了外形和色彩,人类与能让他们感到自身存在的原始要素恢复了神秘的沟通。这是一个被找回的"新世界",也是为了人类的感性意识被重新创造出来的世界。

* * *

我们在此试着分析了卡尔维诺在创作方向上的一次断裂,但他其实断得并不彻底。一方面,卡尔维诺的作品有其内在连贯性,我们可以从他的一系列主题和创作手法上看出来;另一方面,"三部曲"已经呈现出变革的端倪。因此在十年里,他的作品或形成交汇,或产生对抗,在同一种创作模式下形成了丰厚的积累。而就"政治"色彩来说,他所写的寓言故事并不逊色于那些最正统的现实主义创作。

对卡尔维诺来说,重要的是观察真实与现实的视野发生了哪些变化,就像人在感知现象时,某样东西突然间扭曲了,于是人必

---

[1] I. Calvino, *La Nuvola di smog*, op. cit., p. 952 (202).(译文引自《困难的爱》,第251页。——译注)

须做出调整,重新去理解,重新解释符号释放的意义。从表面上看,卡尔维诺会时不时地沉浸到这种状态里,但其实这种状态从未间断:通过"三部曲",他回顾了一段有关文化和想象的历史,每一个故事的开始都是一次宇宙秩序的重置。于是出现了《分成两半的子爵》,它道出一种不断分裂却是唯一的现实;出现了《树上的男爵》,它提供了一个凌驾于混乱之上的视角;接着是《不存在的骑士》,它阐释了空无或不存在。也就是说,这些故事都在隐喻我们感知可能为真的事物时会发生的扭曲现象。这一系列的故事不仅回顾了有关过往的历史,也呈现了多面的、无法被组合为一个整体的当下。除了这个系列之外,在另一个寓言故事里出现了一个天真无邪的生命:马可瓦尔多,他用自己的方式理解现实世界展现给他的符号。正如副标题"城市四季"所示,我们从封建世界来到了当代城市。马可瓦尔多——颠倒版的树上男爵柯西莫——延续着民间童话的传统,身上有贝托尔多的儿子贝托尔迪诺和孙子卡卡森诺的影子;但他的不少举止源于流行的漫画人物,比如米老鼠调皮而愚蠢的朋友高飞。柯西莫和马可瓦尔多都在疑惑地追问现实,对后者来说,现实就是他所在的城市和他上班的公司:

  这个城市没有名字:从某些方面看来,它可能是米兰,从另一些方面(比如山川、河流)看起来,我们会觉得是都灵……这种模棱两可显然是作者有意为之,他在告诉我们,这并非某一个城市,这就是城市(la ville),可以是任何一个既抽象又典型的工业大都市,抽象又典型得跟这里所讲的故事一样。
  更为无法确定的则是马可瓦尔多在什么单位、哪家公司上班：我们永远无法知道，缩写为 SBAV 的神秘公司生产什么、卖些什么，也不会知道马可瓦尔多每天装装卸卸八个小时的箱子里装着什么。就是单位，就是公司，象征所有单位、企业、有限公司，它们的品牌主宰了我们这个时代所有的人和物。①

马可瓦尔多的基本生活内容是凝视这些象征符号，这既构成了一个道德寓言故事，也构成了一种诗意。城市充满陷阱与谜团，这个人物却一成不变，他代表一种超现实的、幻想的元素，他渴望回到田园般的自然状态，在天气变化中观察四季的更替，从细致入微的迹象里探测动物和植物的生活。但是他所面对的状况和他提出的应对方法从不曾使他解脱，反而加剧了在一个排斥梦与幻想的系统中生活的难度。季节规律地更替着，马可瓦尔多固执如初——他既天真又单纯，因为经历过的任何事都没有改变他的初心，因为没有什么能够阻止他乐观地看待真实。他从始至终都如一张白纸，这本书就是在这张白纸上写就的——不甘放弃自己的追寻和探索。

现在，我们能够更好地为这本书在我们周遭的世界里找到位置了。它是乡愁，是对失落田园的遗憾吗？这种解读适用于很大一部分当代文学，这类文学以怀念过去的名义宣判

---

① I. Calvino, *Marcovaldo ovvero Le stagioni in città*, «Presentazione dell'autore all'edizione scolastica, 1966», in «Opere», vol. I, p. 1235.

"工业文明"是非人性的,这样解读当然更方便。可是如果更细心地观察,我们会看到,这本书在批判"工业文明"的同时,同样尖锐地批判了所有回归"失落天堂"的梦想。"工业"田园与"乡间"田园是一回事:不仅在历史中"回到过去"是不可能的,甚至这个"过去"从未存在过,只是一种幻觉。马可瓦尔多对自然的爱只能产生自一个城里人的内心:正因如此,我们对他在城市以外的事情一无所知;城市里的这个异类恰恰是最典型的城市人。①

* * *

提到《马可瓦尔多》,我们就必须指出其中一些熟悉的元素:主人公的一些性格特征,我们曾经在其他反英雄主义的、古灵精怪的人物身上看到过。首先是皮恩,面对充满矛盾的世界时,他让自己待在一个有无限可能性的梦中。同样,对于马可瓦尔多这张白纸的最终去向,也有无数可能的解释。我们想到那个讲述不存在骑士的修女,她在小房间的有限空间里,在自己的白纸上书写着无限。最后,那个不存在的骑士和马可瓦尔多,他们一直维系着一种不存在的状态,谈论着一个虚无的地方,前者藏身象征性的盔甲之中,后者钻进那些内容神秘的箱子。

不过,卡尔维诺在《马可瓦尔多》里第一次如此明确地处理了

---

① I. Calvino, *Marcovaldo ovvero Le stagioni in città*, «Presentazione dell'autore all'edizione scolastica, 1966», in «Opere», pp. 1236 - 1237.

关于组合的难题。有人觉得,卡尔维诺所写的"组合",要么是把短篇小说集合在一起,要么是故意把每个章节写得很短。当然,即使在连续使用了同类风格的作品中,也还是能分出不同的系列。在《马可瓦尔多》当中,我们才真的看到了组合,而且是双重组合:一个组合由反复出现但有变化的内容组成,另一个由单独的内容组成。季节更替的性质决定了四季是重复出现的要素,当然每次出现时都有所不同:春、夏、秋、冬有规律地年年往复,因此可以被视为一种循环(circularité)——书中安排了五个四季循环,是为了让这样一个组合尽量完整。但我们知道,季节的更替是没完没了的。我们还要注意到,一个组合的完结通常会开启另一个组合,正如《不存在的骑士》中,修女苔奥朵拉在写下她的故事时:

> 我着手写的这个故事比我预想的要难写得多……编写故事的技巧就在于擅长从子虚乌有的事情中引申出全部的生活;而在写完之后,再去体验生活,就会感到那些原来自以为了解的东西其实毫无意义。①

这种"毫无意义"是对生、死和写作之间关系的隐喻。《马可瓦尔多》结尾处的白纸表达了同样的意思:

> 一只白色的小野兔跑了出来,来到了雪地里,它抖了抖耳

---

① I. Calvino, *Il Cavaliere inesistente*, *op. cit.*, p. 1001 (85-86). (译文引自《不存在的骑士》,第51页。——译注)

131

朵,在月光下跑了起来,但因为它全身浑白,所以看不大出来,就好像不存在一般。只有它的小爪子在雪地上留下了一道浅浅的、三叶草般的爪迹……

狼在雪地里看到了小野兔的脚印,便跟起这脚印来,但为了不暴露自己,一直藏在森林的黑影中。脚印止住的地方就应该是小野兔藏身之处,狼突的一下从黑暗中钻出来,张开通红的喉咙,露出锋利的牙齿,一口咬了个空。

小野兔在前面更远一点儿的地方,毫不见踪影;它用爪子挠了挠耳朵,跳着逃走了。

在这儿?在那儿?不对,还要再过去一点儿?

然而只能看到一片浩瀚的白雪地,就像你们眼前的这张白纸。[1]

另一个组合中的每项独立内容则被标注了一到二十的序号,这个序列从春天开始,在冬天结束,当然,这也是一个可以无限延续下去的序列。就像一条线穿过一个环,在卡尔维诺构建的诗意世界里经常出现的两个理想形状,以不同以往的方式定格在此:二者形成了某种"射击线路"(visée),直线穿透圆环即完成射击。这条"射击线路"主宰了卡尔维诺的好几个作品,比如《最后来的是乌鸦》,以及另一个写得相当早的故事《镜子,靶子》——靶子既有关

---

[1] I. Calvino, *Marcovaldo ovvero Le stagioni in città*, *op. cit.*, p. 1182 (184-185).(译文引自《马可瓦尔多》,马小漠译,译林出版社 2020 年版,第 159—160 页。——译注)

射击,也有关人的观看行为。①

又比如《马可瓦尔多》的最后一篇《圣诞老人的孩子》也建立在线路(suite)的意象上,既有单程的,也有往返的。在前文引述的"白纸"段落中,我们看到了作者如何在一个情节之中并置一系列画面:两块斑点先后出现,一块是黑色的,那是狼所藏身的森林,也象征着一种必然存在的恶;另一块斑点是白色的,那是小兔子所在的雪地,象征一种可能的善;只有借助一些痕迹,二者才能被发现——颜色深浅的变化,狼的牙齿,野兔的爪印,黑中之黑,白上之白。这些符号既象征书写,也象征恶与善的对峙,而寓言故事总是告诉我们:前者(邪)不胜后者(正)。这一串痕迹消失于无限延伸的白纸上,这张纸从此彻底空白了,似乎在提示或象征:善最终会战胜恶,因为白色已经吞没了黑色。从这个隐喻中,我们能看到对伊索和拉·封丹的寓言的颠覆:最强的未必是最好的。文中用野兔的动作十分幽默地表达了这个倒转的寓意:野兔挠了挠耳朵,然后换条线路跑掉了,不过它是跳着逃走的,这是一个无限循环的动作,也是一个一再重复的时刻。

整本书里写了大大小小的组合:堆积的货物,管理圣诞礼物的各种办公室,成串的圣诞老人,马可瓦尔多装卸的商品,千百万件包裹组成的迷宫,对欲望的风格化重复——"买买买才能给给给",每天送出的五十份包裹,孩子们认出的不同圣诞老人,有钱人家孩子的三百一十二份礼物,甚至穷孩子的三个礼物也是一个小组

---

① I. Calvino, *Lo Specchio e il bersaglio*, in «Opere», vol. Ⅲ, pp. 282-289 (*Le Miroir, la cible*, in *La Grande Bonace des Antilles*, op. cit., pp. 212-219).

合——锤子、弹弓、火柴,这些东西却让有钱孩子感到快乐。有时候,作者会把组合里的每样东西都摊出来,不清点完不罢休:

> 马可瓦尔多回到灯火通明的路上,就好像天色已晚一样,路上全是妈妈、孩子、叔叔婶婶、爷爷奶奶、礼物盒、大球小球、木马摇椅、圣诞树、圣诞老人、鸡、火鸡、托尼甜面包、葡萄酒瓶、吹风笛的人、扫烟筒的工人,还有在黑乎乎的、炙热的圆口炉灶边把一锅栗子炒得蹦蹦跳跳的卖栗子的女人。①

一个新的画面从这满满的堆积中出现了——由大量异质元素组成的一个儿童房(crèche)②。不过,当每个组成元素都被清楚地写出来时,我们看到,这是一个属于现代性的房间,如同从漏斗中看到的缩小风景,如同微缩版的儿童剧,能出演的角色都被尽量塞进来。③ 在我们眼里,这出剧有点像"生活",比如在这段未发表过的旅行回顾中浓缩的生活:

> 我见到了很多作家,跟其中的一些成了朋友……我见到了纽约出版界的所有人,我认识了所有的出版人,参观了每一家出版社,了解了每一家的组织架构。我还见到了很多教授、

---

① I. Calvino, *Marcovaldo ovvero Le stagioni in città*, op. cit., p. 1179, p. 1181 (180, 183-184). (译文引自《马可瓦尔多》,第159页。——译注)
② "crèche"有多种含义,既指牲畜的食槽,也指托儿所之类的托育机构,还有一个独特的宗教含义,即耶稣诞生的马槽——这个意思与文中的圣诞语境有呼应关系。——译注
③ 这就回到了我们在本书开头说的游戏。

心理学家、女演员、社会学家、DJ、工会干部、银行经纪、杂技演员、建筑师、时尚模特、组织者,还有披头族(beatniks)。①

* * *

是否可以这样说,随着作品越写越多,卡尔维诺的自身经历在作品中出现得越来越少,逐渐隐而不见?20世纪60年代初,卡尔维诺的人生再次找到了平衡,这次不同以往,他为出版社连续写了大量评论文章,有力的佐证就是这些专栏文章后来都被收录在《别人的书》②里。此时,他正与《明日意大利》《过去和现在》等政治刊物合作,共同创立一个新的社会主义左派阵营,不过他拒绝为社会主义日报《前进》工作。后来,卡尔维诺还拒绝了《晚邮报》的邀约。他的稿约不断,在很多文学杂志上发表文章③,获得了重要奖项——1957年获维亚雷焦奖(Viareggio),1959年获巴古塔奖(Bagutta),1960年入围斯特雷加奖(Strega)终选。他的一些文字由赛尔乔·利贝罗维奇、菲奥伦佐·卡尔皮等人改编为音乐作品,最为有名的曲目是《秃鹫飞向何方》。随后,他与卢西亚诺·贝里奥成为朋友,并保持了长期的友谊,这段友谊也促成了一系列重要的合作,至少有两

---

① 卡尔维诺用打字机写下的未发表的文字,引自《Cronologia》, *op. cit.*, p. LXXVI。
② I. Calvino, *I Libri degli altri* (*Les livres des autres*), éd. par G. Tesio, Turin, Einaudi, 1991.
③ 其中包括 *Il Contemporaneo*、*Società*、*Officina*、*Nuovi Argomenti*、*Il Ponte*、*Paragone*,见于 E. Mondello, *Italo Calvino*, Pordenone, Studio Tesi, 1990, p. 77.

部歌剧唱词为证:《一个真实的故事》和《国王在听》。[1] 1959年,也就是《不存在的骑士》出版那一年,卡尔维诺开始了与维托里尼之间意义深远的合作。他在《梅那坡》杂志上发表了几篇重要的文章,例如《客观性的海洋》《迷宫的挑战》,以及《工人的对立面》[2]:

> 维托里尼当时在米兰的蒙达多利出版社工作,而我在都灵的埃伊纳乌迪出版社工作。从都灵这边打算做"代码"(Gettoni)书系开始,都是由我跟他保持联系,维托里尼希望我跟他的名字能以共同主编的名义一起出现在《梅那坡》杂志上。实际上,这本杂志是由他构想并一手创办的:他决定每一期的主题,与他邀请合作的朋友讨论,亲自收集大部分稿件。[3]

卡尔维诺在这一年最重大的经历是他发现了美国。他在那里停留了六个月,更在纽约住了四个月:

> 我爱纽约,这种爱是盲目的,也是沉默的:我不知道如何

---

[1] I. Calvino, *La Vera Storia*, in «Opere», vol. III, pp. 690–707 (*La Vera Storia*, trad. J.-P. Manganaro, Paris, Billaudot, 1985), et *Un re in ascolto*, in ibid., pp. 730–754. 第二本唱词未被译成法语,但卡尔维诺后来以此为蓝本写出了同名短篇, in *Sotto il sole giaguaro*, in «Opere», vol. III, pp. 149–173 (*Sous le soleil jaguar*, trad. J.-P. Manganaro, Paris, Seuil, 1990, pp. 57–86).

[2] 这几篇文章后被收录于 *Una pietra sopra*, in «Saggi I», «Opere», vol. IV, pp. 5–405.

[3] «Presentazione» de *Il Menabò* (*1959—1967*), éd. par D. Fiaccarini-Marchi, Rome, Edizioni dell'Ateneo, 1973, in «Cronologia», *op. cit.*, p. LXXVI.

用自己喜爱纽约的理由反击那些憎恨这里的人……其实，大家也不明白为什么司汤达如此喜爱米兰。我是不是要在自己的墓碑上，就在我的名字下方写上"纽约人"？①

纽约是几何城市，水晶般的城市，它没有过去，没有深度，没有秘密，一览无遗……这是最让人无拘无束的城市，我相信我已经对它了如指掌，我在一瞬间就可以想起它的全部。②

认同纽约是由于卡尔维诺在一个特殊时刻感受到了诱惑并产生了思考。但是对他来说，巴黎才是最重要的城市，爱上它与爱上纽约的理由截然不同：

巴黎却十分浓浊，很多东西、很多含义深藏不露。或许它让我有一种归属感：我说的是巴黎的意象，不是城市本身。然而又是城市让你一落脚立即感到亲切……巴黎是一本巨大的参考书，是一个被像百科全书一样来查阅的城市：打开这本书，它给你一连串的信息，包罗万象，让别的城市望尘莫及……视城市为百科全书、集体记忆其来有自。③

也是在巴黎，卡尔维诺于 1962 年结识了"埃丝特·朱迪思·

---

① 1960 年 6 月 11 日发表在 *ABC* 周刊上的一段话，引自 «Cronologia», *op. cit*, p. LXXVI。(译文引自《文学机器》，第 527 页。——译注)
② 引自 E. Mondello, *Italo Calvino*, *op. cit*., p. 95。
③ I. Calvino, *Eremita a Parigi*, in «Opere», vol. Ⅲ, pp. 103-108. (译文引自《巴黎隐士》，第 156 页，第 159—160 页。略有改动。——译注)

辛格,别名'琪琪塔'(Chichita),这位阿根廷翻译家一直为联合国教科文组织和国际原子能机构等国际组织工作(直到1984年,她都作为自由译员进行工作)。这一时期,卡尔维诺说自己就像患上了'漫游症':他不断来往于罗马(他在那里租了一间临时公寓)、都灵、巴黎和圣雷莫……1964年2月19日,卡尔维诺与琪琪塔在哈瓦那完婚。'在我生命中,我遇到过许多坚强的女性。我的身边不能没有女人的陪伴。我只是一个两头双性生物的一部分,是一个真正具有生物性和思想的机体。'卡尔维诺在古巴重游了他出生的地方和他父母曾经居住的房子。在诸多会面中,值得一提的是他和切·格瓦拉有一次私人会面。夏天过后,他和妻子定居罗马,住在蒙特·布里安佐路的一间公寓里……1965年,他的女儿乔万娜在罗马出生……1967年7月,卡尔维诺一家移居巴黎,先是住在朝向夏提隆广场的一幢小房子里,他在《可爱的垃圾桶》里提到过这个住所,后来搬到了圣日耳曼大街。他打算在巴黎住上五年,但事实上他在那里一直住到1980年,这期间他时常返回意大利,并在意大利度过了一些夏日时光"[1]。可是他说,巴黎:

在那里过的是家庭生活,那是一个让我安静的地方,每个人忙自己的事。我只有在需要买报纸、棍子面包和奶酪时才出门。我以前就与法国的文化更为亲近,那时候我一年来两

---

[1] M. Barenghi, B. Falcetto, «Cronologia», *op. cit.*, pp. LXXVII - LXXX. 其中对卡尔维诺的引述出自卡尔维诺与 L. Ripa di Meana 的访谈, in «Cronologia», *op. cit.*, p. LXXVIII. (译文引自《文学机器》,第529、531、534页。略有改动和增补。——译注)

三次。一到这里，我就开始打电话约人见面。①

1966年，维托里尼去世，这对卡尔维诺的打击很大。维托里尼曾推动了意大利文化内部的长期论战，也是最早与卡尔维诺在人生和工作的道路上结伴而行的人之一。随着他的离去，一个独特的世界也行将消失。在谈及这份失去时，卡尔维诺部分解释了，为何他对以六三学社为代表的新一代先锋派虽然保持着兴趣和关注，却有意与他们拉开距离——其中交杂着代际、政治及文学等方面的原因②，也解释了他为何已经对文学道路上的前进方向做出重大调整：

> 我很难把死亡这件事和维托里尼联系起来，甚至就在昨天，他也还是个和疾病无缘的人。那些本质上消极性的体现，在当代文学中占据主流，却不属于维托里尼，他总是追寻生活的新面貌。而且他知道如何激发出他人的这一面。③

关于在欧洲风起云涌的1968年"五月事件"，卡尔维诺的态度同样是关注但保持距离，他并不完全赞同运动中的意识形态倾向。

---

① F. Camon, *Il Mestiere di scrittore*, conversazioni critiche..., Milan, Garzanti, 1973, 引自 E. Mondello, *Italo Calvino*, op. cit., p. 95。

② 卡尔维诺对六三学社(Gruppo 63)的批评分析文章被收录于 *Una pietra sopra*。可着重参看《迷宫的挑战》一文，Ph. Daros 在其精彩著作中曾将此文部分译为法语。Ph. Daros, *Italo Calvino*, Paris, Hachette, 1994, pp. 138-141。

③ *Il Confronto*, II, 1966年7月10日—9月, 引自 «Cronologia», op. cit., p. LXXIX。（译文引自《文学机器》，第533页。——译注）

这一时期,唯一让他感兴趣的国际政治事件是越南战争:

> 在一个没有人对自己感到满意或问心无愧的世界中,也没有国家或机构能够奢望体现出一种普遍的想法,甚至无法仅仅反映自己特殊的真相,越南人民是唯一带来光明的存在。①

卡尔维诺开始了一个自我封闭的时期,但他是自愿而不是被迫的。他的活动、思考和工作都截然不同了。"漫游症"阶段归于平静,不是因为卡尔维诺对外面世界的兴趣减少了,而是因为他发觉采取行动未必需要直接冲上去。相反,他发现了沉思与摸索带给他的新乐趣。而对于写作,他产生了新的冲动:

> 主要原因是我也不再年轻了。我年轻时所信奉的司汤达主义在某个时间点戛然而止。这也许是新陈代谢的过程,随着年龄自然而来,我曾年轻过很长一段时间,也许是太长了,突然我感到自己不得不开始我的老年生活,对,就是老年,我甚至希望它早点开始,没准还可以延续得更长久一些。②

---

① 卡尔维诺为英国的一份出版物贡献的文章,"Authors Take Sides on Vietnam",引自«Cronologia», *op. cit.*, p. LXXIX。(译文引自《文学机器》,第534页。——译注)

② F. Camon, *Il Mestiere di scrittore, conversazioni critiche...*, *op. cit.*,引自«Cronologia», «Opere», vol. I, p. LXXIX。(译文引自《文学机器》,第533—534页。——译注)

事实是,尽管卡尔维诺明确表示要保持一定距离,但巴黎文化界对他产生了很大的刺激作用,也使他开启了全新的文学实验。此前,他在意识形态和政治立场上一贯表现激进,此时,他的行动转变为纯粹的智性战斗。他经常与之来往的人中,有他在瑟伊出版社的编辑弗朗索瓦·瓦尔。通过他,卡尔维诺认识了罗兰·巴特并与之成为朋友,他多次参与巴特组织的关于巴尔扎克的《萨拉金》的研讨会,这个研讨会后来促成了《S/Z》一书的写作。巴黎,也意味着乔治·巴塔耶、莫里斯·布朗肖、克洛德·列维-斯特劳斯。不过,他与"乌力波"①成员的交往是最见成效的:雷蒙·格诺、乔治·佩雷克、弗朗索瓦·勒利奥奈、雅克·鲁博、保罗·富尔内尔,这群人对于逻辑学、数学与文学的探索令卡尔维诺感到兴奋。1967年,卡尔维诺翻译了格诺的《蓝花》,接着翻译了格诺的另一部作品《为塑胶唱歌》。他写了《〈微型宇宙起源〉微指南》,作为意大利版的《便携式微型宇宙起源》的补充。他还促成了佩雷克作品在意大利的出版。随后,在他称为"给孩子们的故事"的一个系列文集中,他贡献了《森林·树根·迷宫》。② 他与阿尔吉达斯·格雷马斯交换批评意见,其间提起的一些形式方案启发他写出了另一部非常重要的作品《如果在冬夜,一个旅人》。

---

① "乌力波"(Oulipo)即潜在文学工场(Ouvroir de littérature potentielle),1960年成立于法国。——译注
② I. Calvino, *La Foresta-Radice-Labirinto*, in «Opere», vol. III, pp. 366 – 378 (*Forêt racine labyrinthe*, trad. P. Fournel et J. Roubaud, Paris, Seghers, coll. «Volubile», 1991).

我与他们("乌力波"作者们)走得近,是因为他们拒绝沉重,法国文学到处施加的那种沉重,甚至有必要来点自嘲了……他们不把科学看得很严肃,而是看成游戏,而这是真正从事科学之人才有的精神。①

可以说,卡尔维诺的创作发生的解域(déterritorialisation)与这种促进创作的氛围有一定关系。在这个环境里,他更重要的角色则是意大利文化的诠释者——那时意大利文化还深陷在那些过于古老的难题之中——类似帕索里尼,当然二人诠释的目的和方式并不一样。

* * *

在《故事》要出版之际,"组合"又成了难题。在一封写给彼得罗·奇塔蒂的信中,卡尔维诺讲起用已经发表过和未发表过的作品组织一个有机整体时遇到了困难:

整卷书应该分为三个部分。第一部,《困难的田园诗》。第二部,《困难的爱》。第三部,《困难的生活》。第一部包括《最后来的是乌鸦》中的故事(选择二十几个)和后来用这类叙述方式写的一些故事(但后来的故事弱一些,这种体裁已经不

---

① F. Camon, *Il Mestiere di scrittore*, conversazioni critiche…, *op. cit.*,引自 E. Mondello, *Italo Calvino*, *op. cit.*, p. 96。

适合我了)。这部分还要进一步分为:"自然""战争""战后""城市的自然""机器的世界"。(后两部分是新内容,是《最后来的是乌鸦》中没有的。)基本主题是自然不可能同人与物和谐共处。第二部《困难的爱》里包括《一个士兵的奇遇》……《一个海水浴者的奇遇》《一个职员的奇遇》《一个读者的奇遇》《一个旅客的奇遇》……还有我正在写的《一个诗人的奇遇》。我还会想到很多其他方式来组合十到十二个同类的故事,主题都是爱的无法传达。这一组故事将会是整卷书最"新颖"的地方,可我不知道在目前的编订情况下,我能否在规定期限里写出来。我尽量吧。第三部《困难的生活》,是对生活之恶的更为复杂而广泛的定义,里面的故事都会比较长。这一部分不仅应该包含《阿根廷蚂蚁》和《烟云》,还要有《房产投机》,一开始我并不打算把这个故事放进去,因为在形式上它跟另外两个故事太不一样了。这样一来,从我那些还算拿得出手的故事里,只去掉了《进入战争》里的三个故事。这或许是个遗憾,因为如果把这三个故事放进去,这部文集就包含了卡尔维诺于1945—1958年间写的所有故事。可是放进去,它们又像是汤里的头发。我或许可以把它们放在《困难的生活》里,跟在《蚂蚁》后面,嘲笑一下我自己追求的和谐整体。或者干脆另出一本书——《困难的回忆》,里面再放进《与收割人共度的一个下午》《懒儿子》和《我们这桌的羊倌》,《最后来的是乌鸦》里的这三个故事写得还是不错的,属于自传题材。可是把这本《困难的回忆》放在哪儿呢?放在《田园诗》和《爱》之间吗?这就糟蹋了三个题目之间的渐进关系。完全没有头绪。可能最好还是不要放这几个故事,留给以后的文集,如果我还会写这类自传性故事的话。文集的题目有两个可能的选项:《树木与岩石的故事》,或者跟马里奥·索达蒂一样,就叫《故事》。①

这些故事里发生了新情况:不是指过去的故事重来,哪怕大多改头换面了,也不是指作者自己所说的那些"自传"类故事,而是指贯穿整个故事集的主线是"困难"。困难潜藏在每篇故事里,但并不总是同样的困难,在文本中所起的作用也不尽相同。不要忘记,卡尔维诺的作品总表现出一种忧虑,那些白纸黑字写就的多义的寓言故事已经多次向我们表达过这种忧虑。我们还要注意一些遥远的灵感源头,例如莱奥帕尔迪之于"田园",奥维德之于"爱"。而且,卡尔维诺想借助形容词"困难"制造一个反衬效果。在这里,反衬的作用在于,既强调故事的灵感来源或所用体裁,又将其置于一个批判的处境。总而言之,其作用是反驳这样一个流行观点,即田园与爱是容易的。爱是一场场独一无二的奇遇,发生于特殊情境下的事件,是独特的遭遇让男人或女人成了故事的主人公。

我们会注意到,是在"爱"的时刻而不是"田园"时刻,一个又一个奇遇故事才收获了全部的意义:爱的传统代码破碎或者分裂为这些奇遇,在全知全能的读者眼里,它们将重新形成一个"宇宙"。读者无法只靠这些奇遇看清宇宙(宏观宇宙还是微观宇宙并不重要)的全貌,但这些故事给出了提示,指出了方向,而且没有优先顺

---

① I. Calvino, *I Libri degli altri*, op. cit., pp. 262-264. 卡尔维诺在这里用第三人称谈论自己。

序。读这些故事应该像是努力破解一个错综的谜团,且没有确定的现实或唯一的真理可作为依据,因为,事实上每一场奇遇都脱开了自身的故事,也逃离了自身的结局。这里面已经出现了某种东西,类似卡尔维诺在谈到加达时比喻的朝鲜蓟(artichaut),或者在形容蒙塔莱时所说的水晶。[①]

那么必须有一些新的机制才行了:这个世界不是人物的世界,不会再现人的社会性,也不会描写任何人与人的冲突、对抗或妥协。不,尽管故事中也有这些东西,但故事表现的是情境本来的样子,而不再是被人及其故事通过心理活动内化后的样子。这些故事分析头脑和心灵如何行动、如何反应,这些行动和反应形成了一个组合,而这个组合其实被囊括在另一个组合之内。浴女、职员、摄影师、读者、近视眼,不仅这些人不再代表某个社会阶层,因为他们要么被剥离了职业身份,要么工作遇到危机;而且,他们是谁主要由物(objet)来决定,是物开启了情境,让他们陷入其中并对将要发生什么一无所知。

是符号本身的性质改变了,就像是卡尔维诺在以组合方式写作之前使用一种符号,在以组合写作之时或之后用另一种符号,后者有生产故事主题的功能。在组合写法之前,符号被直接感知为往往有寓言或象征意味的物体——物体本身;在组合写法之后,情

[①] 参看 *Il Mondo è un carciofo*（*per C. E. Gadda*）和 *Eugenio Montale, Forse un mattino andando*, in «Opere», vol. IV, pp. 1067 – 1070, pp. 1179 – 1189 («Le monde est un artichaut» et «Eugenio Montale: Forse un mattino andando», in *Pourquoi lire les classiques*, trad. J.-P. Manganaro, Paris, Seuil, 1993, pp. 162 – 164, pp. 178 – 183）。

境中的物体则需要先是符号,然后超越符号,最终赋予符号一个全新的本质。如果仅举一例,那便是《通向蜘蛛巢的小径》中的手枪,它在喻示可能胜利的同时,组织起人物的思想活动,也构建了故事本身。而在《一个滑雪者的奇遇》和《一个摄影师的奇遇》中,决定情境状态的不再是作为物品的"滑雪用品"或"照相机",而完全是这些物品各自释放的符号。故事不再是关于某个或任何一个滑雪者,也不再是关于某个或任何一个摄影师,问题被转化为:什么样的故事能告诉我,这套或随便哪一套滑雪板经过的线路?什么样的故事能告诉我,这部或随便哪部照相机拍摄的照片和这些照片的碎片?

所以,滑雪者和摄影师绝对不是这些故事的主角,我们甚至可以认为,故事本身从头到尾就跟他们无关。他们只是一些被穿过的意向(intention),一些出现在事件里的状况,他们对于一个故事、一次奇遇、一段爱情的发生不起作用。他们成了纯粹的写作载体。深入写作,我们会发现真正的主角其实是任何有可能对这些滑雪痕迹或照片碎片做出解读的人,这些人包括我们所认为的"主人公"。比如,我们可以把主人公们从场景中删去,这样故事便没有了主题,成为纯粹的心理故事——从某种角度来说它们确实如此——但故事并没有让人物消失:故事的发生就是为了暂停人物的行动,让他们无法完成甚至无法做出选择。人类这台机器,它的知识、欲望、经验,终会败给关于现实的种种现象,只有靠写作才能胜出,因为写作在穿越经验时,在穿梭于想象的机制时,留下了符号,也只有写作能够承载和解读这些符号。在这些故事中,卡尔维诺仍保有他的想象力并回到了写作的隐秘状态,回到了他的写作组件和组装困境,他似乎希望从组合写作形成的新框架中发现一个全新的视角,用以确立一套研究和使用符号的原理。在这个新的视角之下,纯粹道德或形而上学的姿态都被除去了,取而代之的发现是,变化与组合、变化的组合既形成了一个游戏,又成为一种必需,而这才是文学和写作这门技艺——是写作在空白的纸页上缔造了文学——所能做的事。

* * *

所以,情境从来不是呈现一幕剧情,而是一种暂时的——多少要持续一段时间——但具有决定性的物理状态,读者悄悄地溜进去,不是为了了解主人公的肉身遭遇了什么,而只是体会那个心理处境。逃逸点——也是引导符——从这里开始,渐渐演化为笑点(point d'humour),哪怕它们一开始的走向看上去是悲剧。以《一个海水浴者的奇遇》为例,这个故事让我们看到,身体的一个新状态突然打开了各种各样的线路(ligne)。首先是四散在各处的——包括目光中——的运动线路。然后是描述环境状态的色彩线路——这是正在理解事物的感觉。最后,还有声响的线路:

> 她从没想过要看的地方就是海滩。现在她望着它。正午的钟声正在敲响,有着黑黄相间同心圆图案的太阳伞撑在沙滩上,投出黑色的阴影,阴影里的身体都藏匿了起来,成群的海水浴者不断溢进海中。岸边没有一艘游艇,一有船回去,还没触地,就又会被人跳上去。那一片蓝色浩渺的黑色边缘被

绵延的白色喷吐涌动着,尤其是在绳索之后,那里蒸腾着一群叽叽喳喳的孩子,每打来一道温和的浪,就会升起一阵尖叫,尖叫的音符会被立刻吞噬掉。而远离那片沙滩的海里,她裸着身子。①

感官的新状态小心地躲开了所有推理关系,所有能让自我与可能的他者产生交流的辩证法。内在的"我"承认自己无能为力,因而在其所处的情境里发现了新的解释,产生了新的打算。这个"我"开始回顾,过去的每一步如何造成了眼前这个故事的发生。这个故事里,触发情境的元素是泳衣的丢失,泳衣是个寻常元素,但这种寻常性让我们发现,此刻逃离现实——逃离秩序和泳衣的实际用途——有多重要,至少目前该关注的现实是恐惧、感受,是每次可能的获救都落空了。这时,心理活动的杂乱交错和现实感的明显丧失,有可能揭示出另一种被隐藏的现实,与前一种现实相比,真实呈现出另一副面孔:

> 伊索塔太太那时才发现,作为一个女人是如何孤独,才发现在她的同类中,团结自发的善行又是如何罕见(也许是被和男人达成的什么协议打破了),这一善行本可以免除她的呼救,并仅凭一个会意的姿势,就能在这男人难以明了的秘密的不幸时刻,前去协助她。女人永远拯救不了她,可又没有男

---

① I. Calvino, «L'avventura di una bagnante», in *Gli Amori difficili*, in «Opere», vol. II, p. 1077 (*Aventures*, trad. M. Javion, Paris, Seuil, 1964, p. 22). (译文引自《困难的爱》,第25页。——译注)

人。她感到筋疲力尽……如果她没能及时抓住浮标的话,准能淹着。但死倒是不可能的,她也不至于落得如此既不合理也不相称的补救措施。①

情境处在最紧张的时刻,一下子冲上了位于最高点的此处(ça-là)。这里什么也没有,除了即将到来又不可能到来的死亡。也是在这里,新的运动发生了,一些新的线路迅速浮现出来(站起来的男人,人们回到岸上时的美妙疲劳,成排的小艇和太阳伞,竖着一根根被截断的杆子的墓地,经过太阳的云朵被扬起的风推走,神秘抖动的小船等),又突然凝固了,因为这位太太想到自己无法抵挡比基尼的诱惑是一个错误、一桩罪行:

> 就好似为一桩自己未曾犯下的罪行而受到处罚一般。没有犯下的? 但也许她那种尽情的沐浴,那种想独自游泳的愿望,那种两件套泳衣穿在自己身上时的欢愉,尽管那是太过冒失的选择,但这些表象,不正是早已开始的逃逸,不正是对自己倾向违命的挑战,不正是疯狂奔赴那种裸露状态的各个阶段吗?……男人们的成帮结伙终于彰显出它根本的残酷性,还有它恶魔般的双重本质,这本质既好像是种她还没做足准备的邪恶存在,同时又像是种执行惩罚的工具。②

---

① I. Calvino, «L'avventura di una bagnante», in *Gli Amori difficili*, pp. 1080 - 1081 (25). (译文引自《困难的爱》,第 29 页。——译注)
② I. Calvino, «L'avventura di una bagnante», in *Gli Amori difficili*, pp. 1082 (26 - 27). (译文引自《困难的爱》,第 30—31 页。——译注)

差点淹死伊索塔的,不是作为象征和隐喻之地的大海,而是另一种会流动和逃逸的元素:一瞬间回想起自己的一生,整个人生以疯狂的速度浓缩于这短暂的一瞬。通过这次平常的事故,她看到了深远处的缩影,也生出了一堆不能提供帮助的反思。到了这种时候,她的思绪只能回到自己身上。感官开始发挥作用,她在逆流之中只能感到寒战,感到死亡的危险,感到自己清白无辜,也就是感到自己处在了理性的对立面:

> 自己的思绪也已经走出很远了,以至于她一时间都不能把这其中的意义和自己的推理,和他的举动联系起来。①

回归现实,既非幸事也非不幸。此时的现实仍被描述为逃逸的线路:船往回开时的行驶线路,一声叹息涌过脱落皮肤的线路,分散在风景中和每个人身上的色彩线路。这些不仅仅是对事物的现实状况的描写,更让事物之间产生了神秘的联系,由此形成了一张网,我们每个人都可以自由穿越其中。

在《故事》里,我们还能看到那类有着美好结局的故事的讲法,但其中有些故事显然走向了抽象。例如《一个摄影师的奇遇》或《一个滑雪者的奇遇》,让个体之间发生联系的不再是情感和心理活动,而仅仅是一些有意或无意的行为举止和运动机制。它们干扰了对简单现实的感知,却也揭示了隐秘的褶皱,也就是另一种解

---

① I. Calvino, «L'avventura di una bagnante», in *Gli Amori difficili*, p. 1084 (28). (译文引自《困难的爱》,第33页。——译注)

读符号的可能方式，去读他人无意间留在领地上的那些符号（在大部分时间里，这片领地就是我们的感官意识，我们的情感和审美知觉），其中也包含着可以共有、可以分享的东西。随着视角的变化，每一个符号都被发现，于是从前一个符号之下钻出了一个新符号。就像摄影师尝试了自己当一个摄影师的种种可能，终于找到了既能彻底否定自己又能重新定义自己的办法：

> 他希望别人能在他的照片里认出来那些已经被搓成球了的、撕坏的图像，同时他也希望别人能感觉到那随意几块乌黑油墨的不现实感，而且也能感受到那些饱含意义的物什的具体性，最后还能体会到照片想抓住人们注意力时使用的那种力量，但同时也意识到这注意力其实是企图把照片本身给驱除出去……到了那时，安东尼诺就不会再摄影了。那时，他已经用尽了所有的可能，这一段经历也就能收场了，安东尼诺明白，自己也只剩下照已经拍出来的照片这条路了，更准确地说，这才是他到那时为止一直在黑暗中追寻的路。[①]

搓成球、撕坏，物体要被拍摄得既不现实又有具体性，还要足够有力地抓住人的注意力，这些要素经过重新编排后，再次现身于滑雪者的轨迹中：

[①] I. Calvino, *L'Avventura di un fotografo*, in *Gli Amori difficili*, op. cit., p. 1109 (*Aventures*, éd. augmentée, Paris, Seuil, 1991, p. 80). （译文引自《困难的爱》，第61页。——译注）

空气是如此纯净,以至于戴绿滑雪镜的小伙子能在雪地上猜出那张密密麻麻的网上的每一种痕迹,有滑雪板或直或斜的印子,有拖出来的路,有雪丘,有坑,有拦雪轮捣出来的洞。他感觉,在生活那不成形的混乱中,隐藏着一条秘密的路线,一种和谐,是只有那个天蓝色的姑娘才能找得着的,而这很可能就是她神奇的地方,因为她每时每刻都能在成千上万可能出现的变动及混乱中做出选择,选择那个只可能是正确的、清晰的、轻盈的、必要的动作,那个在成千上万的动作中唯一真正重要的动作。①

无论在哪个故事中,对自我的知觉,一个具体的或假想的状态的视觉化,都并非来自生命之间的交流,而是发生在远离他人的时候。每个人物都只能回过头去,对自己留在身后的或者自己发现的符号,做出现象学的理解。每个故事都提出了同一个问题:这个人物在寻找什么他自己不知道的东西?这是一种未知状态,一种对待知识的"例外状态"②。这种状态拓展了意识,但不是拓展为一个关于自己的故事,去一一回顾过去发生了什么;而是拓展为一种自我的地理(géographie),让自我发现新的空间、新的领地,以及新的时间。

---

① I. Calvino, *L'Avventura di uno sciatore*, op. cit., p. 1180 (151).(译文引自《困难的爱》,第 139—140 页。——译注)
② I. Calvino, *L'Avventura di un fotografo*, in *Gli Amori difficili*, op. cit., p. 1108 (80).

$***$

就这样,卡尔维诺转向了以组合为出发点的创作,这种方式也使他终于不再犹豫,放弃牵绊了他很久的现实主义,去探索其他重要的方向。大体上,他的工作向两个不同的方向重新展开。一是探索一种更为精巧、更为诙谐的创作,尝试将纯粹的潜在性(virtualité)进行数学组合(combinatoire)。这是他采用组合写法后的直接成果:《宇宙奇趣》《零时间》《看不见的城市》《命运交叉的城堡》,以及《如果在冬夜,一个旅人》。[1] 在这些作品中,组合的可能既由严格的数学组合限制所规定,又具有潜在的无限性。《帕洛马尔》则属于另一个方向上的尝试,更注重通过各种感觉(sensation)对符号做出诠释。

两个方向对应着两种必要性。第一个是将灵感结构化,使其成为可供无限使用的总量(masse);是以有效和清晰为目标来引导思路,确定一个主干和一个既严格又灵活的框架,由这个框架产生的写作经验与文学经验可以是一个游戏,不过,是一个科学的游戏。作者摆脱了现实主义所固有的追求——相似和记录事实

---

[1] 分别收录于:《Opere》, vol. II, pp. 79 - 221 (*Cosmicomics*, trad. J. Thibaudeau, Paris, Seuil, 1968); vol. II, pp. 223 - 356 (*Temps zéro*, trad. J. Thibaudeau, Paris, Seuil, 1970); vol. II, pp. 357 - 498 (*Les Villes invisibles*, trad. J. Thibaudeau, Paris, Seuil, 1974); vol. II, pp. 499 - 610 (*Le Château des destins croisés*, trad. J. Thibaudeau et l'auteur, Paris, Seuil, 1976); vol. II, pp. 611 - 870 (*Si par une nuit d'hiver un voyageur*, trad. D. Sallenave et F. Wahl, Paris, Seuil, 1981)。

(factuel)。他保持人性视角的唯一方式就是这种"灵活的严格",从此卡尔维诺的视角不会再移向别处,哪怕他创造的情境是完全虚构的。

第二个必要性体现为浓郁的诗性色彩:宇宙、城市、城堡和命运、夜间的旅人。对卡尔维诺来说,他需要再一次找到一片新的领地、一种新的地理,在这里书写一个可能的故事,不是历史学家们的历史,而是故事讲述者的故事。在卡尔维诺笔下,人物和情境总是透露出这样一种强烈的意愿:通过想象重塑世界,构建一种知识,确立一种文化——不仅以文学为秩序,而且文学和写作就是这种文化可能的最终成果。这是因为,潜在性经过数学组合方法的编排后,被转化为可以识别的符号,成为开启可能的问题并接收答案的介质。潜在性的状态本身就意味着纯粹的智力游戏:符号所象征的现实似乎只要被描述就够了,但是潜在性依附于思想,需要用写作使其现身。在此意义上,卡尔维诺并不是在描述我们或他自己看得到的东西,他写的是我们无法看到的东西,但是,若将一处情境转换成一系列的盘根错节,我们就能看到了。

《宇宙奇趣》的写作有着诸多奇幻文学的根源,而且其中的语气让我们想到西哈诺·德·贝杰拉克的《月球之旅》,甚至想到普林尼在《自然史》中对宇宙起源的阐释,卡尔维诺曾经分析过这两部作品。[1] 作者陈述过这部作品的写作缘由及他的文学参照,并且

---

[1] I. Calvino, *Perché leggere i classici*, Milan, Mondadori, 1991, 现收录于 «Opere», vol. Ⅳ, pp. 820 – 825, pp. 917 – 929 (*Pourquoi lire les classiques*, *op. cit.*)。

拒绝将之归类为科幻小说：

当代科学不再为我们提供再现性的图像；科学为我们打开的世界超出了任何可能的图像。不过，阅读科学图书的门外汉……随时可能有一个句子让他想起一个画面。我试着记录下一些这样的画面，用故事将它们展开，以一种特殊的故事体裁"宇宙奇趣"……《宇宙奇趣》的主人公始终是同一个，Qfwfq，他跟宇宙同岁。我没有提过他是不是人类（人类出现以后，他可以变成一个人；但在千百万年的时间里，这只是一种所谓的潜在性）……我不是把《宇宙奇趣》当科幻小说（我指的是经典科幻小说——我很喜欢这类作品，比如儒勒·凡尔纳和赫伯特·乔治·威尔斯的小说）来写的……在《宇宙奇趣》身后主要有莱奥帕尔迪、"大力水手"漫画、塞缪尔·贝克特、乔尔丹诺·布鲁诺、刘易斯·卡罗尔、马塔的绘画，有时候也会出现兰多尔菲、伊曼努尔·康德、博尔赫斯，以及格朗维尔的版画。[①]

卡尔维诺非常清楚，《宇宙奇趣》的写作是一处绝佳的实验"地点"："……在成书（先是发表在杂志上）的过程中，Qfwfq 的很多故事需要大改，修改到近乎重写的程度……在修正语言的同时也在寻找更为有力的证据和概念上的深度……卡尔维诺相信自己依然

[①] *In Il Caffè*, 1964, p.40, 引自 M. Barenghi, B. Falcetto, C. Milanini, «Note e notizie sui testi», in «Opere», vol. II, p.1321.

能够写出'这样的故事：故事中有存在,也有作为其对立面的非存在(non-être),有空无的或稀薄的,也有其反面充盈的和密集的,有正面也有反面',因此他请读者不要低估了《宇宙奇趣》与他在二十世纪四五十年代写的那些故事之间的联系……但他也知道,他在这片领地上行进艰难,甚至他前所未有地感到'需要一连串地释放自己的想象力'……关于故事的排布……显然《月球的距离》和《螺旋体》的位置最关键：选择'以月球开始'是渴望'向意大利文学中的月光诗人们——从但丁到阿里奥斯托、莱奥帕尔迪——致敬'；决定以《螺旋体》结束这本书,是想要暗示艺术探索的展开有各种各样的可能性,尽管真实的世界会引发紧张和焦虑,但随着探索的进行,一个几乎取之不竭的集合将会闪现,里面装满了各种奇思妙想和反事实的(contrefactuel)图像。"[1]

Qfwfq,就像这个人物名字的回文结构所意味的那样,是世界之始,也是世界之终。我们在《零时间》中看到,他消解了时间和空间,最终创造了一个恒定的现在,这个现在成为物质(matière)并向无限延伸。这样一种时间,超越了人类历史的严格边界,却没有因此遗忘人类的历史。在这样一种时间里,我们的计数和计算不再以小时为单位,而是以光年为单位。这个时间上既有一段段漫长的过往穿过,据此可以提出关于宇宙起源和演化的科学假说；又投射着关于未来的若干剧本,命运的预兆已在其中。作者用敏捷、丰富、轻盈与精巧绘制出难以置信又妙趣横生的叙述组合。组合里

---

[1] M. Barenghi, B. Falcetto, C. Milanini, «Note e notizie sui testi», *op. cit.*, pp. 1322 - 1323.

的基本元素难以想象、难以表达、难以讲述,他却用来自日常生活的词语将它们说了出来:"漫画恰恰产生于对比,即被模拟的'另一个'世界与我们当前所在世界里最为普通和日常的东西之间的对比……'不可能'的存在……因而具有了奇妙的拟人内涵,它们进入奇特的家庭生活,与亲人、邻居产生了滑稽的关系……卡尔维诺在望向宇宙的无尽深渊时,目光里并没有遗漏进步的工业文明中的风景:种种组合与宇宙生活中的各种小故事展现出一个当代世界的末日景象,到处是无用的器物、异常的赘生物、繁复却失灵的功能,以及残骸与污垢。"[①]

* * *

20世纪60年代末至70年代,卡尔维诺的作品越来越明确而坚定地走向了抽象:《命运交叉的城堡》《看不见的城市》《如果在冬夜,一个旅人》。在写这些作品时,他先设定一定数量的操作程序,再依照程序进行组合尝试,而在《宇宙奇趣》和《零时间》中,人物还对应着一些具体功能。《命运交叉的城堡》以一套意大利塔罗牌的牌面为起始。这套塔罗牌是15世纪时由博尼法乔·本博为维斯孔蒂公爵绘制的,一部分现存于贝尔加莫的卡拉拉(Carrara de Bergame)学院,还有一部分在纽约的摩根图书馆。卡尔维诺在1973年所写的《命运交叉的饭馆》中借用的则是古老的马赛塔罗

[①] G. Ferroni, *Storia della letteratura italiana*, *Il Novecento*, vol. Ⅳ, Turin, Einaudi, coll. «Scuola», 1993, p. 579.

牌,牌面上的版画由尼古拉·康弗创作于 1761 年。

《城堡》和《饭馆》有许多不同之处,最重要的是语言形式上的区别。在《城堡》中,第一人称的叙述者讲述一群不知名世界里的旅行者,穿过一片恐怖的森林来到一座城堡。吃过晚饭后,城堡主人模样的人在桌上摊出一副塔罗牌,宾客们在游戏间了解了每张牌的意义,以及如何借助牌面解读命运,但问题不在于玩牌,也不在于占卜未来。每位宾客都要用塔罗牌讲一个故事,故事要尽可能贴近牌上的画面。

《饭馆》采取了同样的展示体系,但混乱取代了城堡里的恭敬祥和。《城堡》讲述了六个故事:受惩罚的负心人、出卖灵魂的炼金术士、被罚入地狱的新娘、盗墓贼、因爱发疯的奥兰多、阿斯托尔福在月亮上,最后一章则讲了剩下的所有故事。《饭馆》中有十个故事:优柔寡断的人、复仇的森林、幸存的战士、吸血鬼王国、两个为了迷失而寻找自己的故事、主人公自己的故事,最后是三个有关疯狂与毁灭的故事。

卡尔维诺的叙述不是根据牌与牌之间的先后顺序来解读塔罗牌的象征意义,而是根据一种暗示与关联的游戏、一种虚构的图像学阐释串联起故事。由于有阿里奥斯托在前,以及将他的故事转化为集体记忆文本的各种文化参照,卡尔维诺写《城堡》中的几个故事时,几乎一气呵成:平铺的塔罗牌产生了类似魔术方阵(carré magique)的效果,几个故事交汇于一个中心点,其他故事则是围绕这个中心组织起来的。相反,他在写《饭馆》时遇到了解决不了的难题。马赛塔罗游戏的可能性太多,不像意大利游戏的结构可以限定故事如何交叉。七十八张塔罗牌组成的方格是《饭馆》的总图式,它不像《城堡》的结构那样严密,叙述既不是以直线进行,也没有规律可言。有些牌出现在所有故事中,或者在一个故事里出现多次。复仇森林故事的开头似乎就在象征性地讲述这种混乱。

> 我终日坐在那里,把我的牌摆了拆、拆了摆,绞尽脑汁想出新的游戏规则,勾画出上百种框架,方阵、斜方形、星形,可总是把最重要的牌留在外边,而不要紧的牌都能组合进去,框架变得非常复杂……搞得我自己都绕不清楚了……可是我觉得只有依照一定的严格的规则所进行的游戏才有意思,那就是每个故事都必须与另外的故事交叉,否则就分文不值……难道我正在发疯吗?难道是这些神奇形象的有害影响不让人不受惩罚就随意摆弄它们?还是这种组合工程释放出的庞大数目已令我头晕目眩?……我决定发表《命运交叉的饭馆》纯粹是为了解放自己。①

卡尔维诺曾打算为这两部作品再添个第三部。在上面引文中,他解释了自己之所以感到疲惫,是因为太过沉浸于这套古老的图像,他在言语上的发挥被限制在一个格外严格的框架之内。他

---

① I. Calvino, «Nota» a *Il Castello dei destini incrociati*, in «Opere», vol. Ⅱ, pp. 1278 - 1280 (in *Le Château des destins croisés*, *op. cit.*, pp. 138 - 140). (译文引自《命运交叉的城堡》,张密译,译林出版社 2012 年版,"前言",第 5—7 页。——译注)

认为在讲述冒险与恐怖剧情的连环画中，找到了一种与塔罗牌相对应的现代视觉材料来再现集体无意识。这让他本可以写出《命运交叉的汽车旅馆》：从一场神秘灾难中死里逃生的一群人躲进了一间破烂的汽车旅馆，旅馆里只有印着连环画的一页报纸。这些被吓坏了的幸存者将借助这些小画面讲述各自的故事，但不是遵循画面原本的顺序，而是以垂直线或对角线为规则。这个计划未能实现，但是我们在一篇奇特的短篇小说里能找到它的影子，那便是《可恶房子的失火》，不过，"全集"在收录这篇小说时，指明这是"乌力波式发明"。[1]

初版于1972年的《看不见的城市》，结构也相当严谨。这次设想中的魔术方阵是一张64格的棋盘，64的平方根8也是表示无限的符号。实际上，卡尔维诺用九章描述了五十五个城市，章与章之间以斜体排版的文字——其中包含马可·波罗与忽必烈汗之间的对话——作为分隔。第一章和最后一章各描述了十个城市，其余七章每章讲述五个城市。除了算术式的描述，我们也可以用几何图形来表现故事的分布：最上方和最下方各有一个三角形（分别是第一章的十个城市和最后一章的十个城市所在位置），加上中间七根呈对角排列的线条，形成了一个奇妙的矩形框架——既可以正着读，也可以倒着读。有人画过一些图式来诠释阅读此书时可以采取的不同方向，其中视觉上最为简洁的是"全集"中的这个图式：

---

[1] I. Calvino, in *Invenzioni oulipiennes*, in «Opere», vol. Ⅲ, pp. 319-332 (in *La Grande Bonace des Antilles*, op. cit., pp. 153-166).

```
            1
          2 1
        3 2 1
      4 3 2 1
    5 4 3 2 1
      5 4 3 2 1
        5 4 3 2 1
          5 4 3 2 1
            5 4 3 2 1
              5 4 3 2 1
                5 4 3 2 1
                  5 4 3 2 1
                    5 4 3 2
                      5 4 3
                        5 4
                          5①
```

  在目录中,十一种有关城市的定义或概念作为小标题在循环:记忆、欲望、符号、轻盈、贸易、眼睛、名字、死者、天空、连绵、隐蔽。城堡和饭馆,这些属于过去的地点,被转换为形形色色的城市,它们是现代性的所在,是自波德莱尔以来的现代思想试图领悟、标记、描述的地方。正在发生作用的不是关于过去的文化记忆,而是关于未来的记忆,是对想象与可能的全新发明。

  这篇文字精彩却不浓烈,对那些看不见的城市只做了约略的描述,因为在今日的现实中这些城市是无法让人生活的。笔墨被有意俭省:将可能引发的振动减到最小,不以具体事物为参照,而是让写作尽可能去触及智力的极限。多年里,卡尔维诺一直都在探测广阔的未知领域。连最直观的具体事物也被稀释了,它们被转化为一种悲伤的证明,证明那甚于悲观的怀旧之愁。

  两个男人谈起一座座城市,如历数一幅幅女人的画像——这些城市拥有女性的名字,古老而纯正的名字。城市在言说中、在写

---

① M. Barenghi, B. Falcetto, C. Milanini, «Note e notizie sui testi», *op. cit.*, p. 1360.

作中变得可见,除了鲍西丝(Baucis①,呼应着奥维德笔下隐身为树的鲍西丝,以及那位罗马诗人被流放的城市)——出现在书的最当中,从不曾被见到过的城市。对城市的书写在两个男人的对话之间展开,他们的对话如同不停迷惑彼此的游戏,不免让人想到《十日谈》中的闲谈。但这些故事不是在追溯自己的文学源头:是讲故事的人在暗示,这些故事与其他作品之间有着隐隐约约的联系,仿佛《十日谈》《一千零一夜》与马可·波罗的游记交缠在一起散发的魔力。这些城市并不存在,尽管忽必烈汗坚持认为它们存在。事实上,他产生迷恋之情只是因为那些故事,也就是马可·波罗用想象描绘的地图。他迷恋以这样的方式度过时间,以防沉湎于自己的权力和伟大,因为另一个人会用形式、色彩、氛围来告诉他这些。这个人在试着讲出:

> 时间结晶在物体上的感觉,时间被装进周遭事物之中的感觉……城市不是别的,只是时间的形式。②

* * *

卡尔维诺已经讲遍了宇宙、城堡、饭馆和城市,他只剩下一件事要做:把这些作品的创作手法,也就是在作者和读者之间实现符

---

① 在中文版中被译为"宝琪"。——译注
② 与 M. Neri 的访谈,in *Panorama mese*, Ⅳ, 1985 年 1 月 1 日,引自 M. Barenghi, B. Falcetto, C. Milanini, «Note e notizie sui testi», *op. cit.*, p. 1365。

号传递的机制解释清楚。二十世纪六七十年代,文学界对小说形式的前景多有争论,卡尔维诺似乎想以《如果在冬夜,一个旅人》——一部致力于叙事制作(poiêsis)的作品——提出自己的看法。卡尔维诺以作者的身份亲自登场,直接对读者以你相称:

你将开始阅读伊塔洛·卡尔维诺的新小说——《如果在冬夜,一个旅人》……①

满足阅读的欲望,需要做一系列的调整并找好姿势:首先,确保跟要读的书单独相处,找一个舒服的姿势,不要太强也不要太弱的光线;不是特别必要的事和物就不要管了,要创造出闲适,就需要有点悲观地放弃其他形式的活动;精神和身体都要投入这本书,走出书店或图书馆时要像攻克了堡垒一样。一旦完成这些操作步骤,我们便准备好了走进喜悦之中,完全就像与某人开始一段幸福的新关系。我们开始阅读,读者的态度取决于他们是忙是闲:阅读可以在公共汽车上、小汽车上、办公桌前开始,这些情况下的姿势通常对书来说不大恭敬。因此最好在自己家里读,用另外一套标准来评估一下这本刚刚买来的小说,比如书的长度、封底,这样才能终于沉浸到阅读当中,尤其是当我们不太清楚这位作者的这本书究竟写了什么的时候。

与其说这是在假设读者和作者通过书建立起一种恋爱关系,不如说是在描写一种引诱与征服的关系,两个不相识的人通过一

---

① I. Calvino, *Se una notte d'inverno un viaggiatore*, op. cit., p. 613 (7).

套编码符号系统相互影响,此处的符号系统就是这本书。翻开这本书的肯定是某位接受过一定教育的读者,这时的他一定处在相对轻松的、不那么紧张的时段和环境,他肯定要循序渐进地读,当然也可以跳着读。以上就是开始阅读这本书时的大致情形,可该书接下来发生了排版错误造成的页码错乱;通往爱情的引诱关系戛然而止,而且似乎无法补救。不仅页码有错,而且这甚至不是卡尔维诺的小说,而是一位波兰作者的。可这位男性读者现在想读的就是这本书,何况他正是因为这本书才结识了女性读者。

女性读者更清楚地表达了自己对阅读的抱负,男性读者则没有这样的抱负。"她能说清自己的期待和拒绝,是'一般女性读者'的升华,而且无私的热情让她自豪于女性读者的社会角色。"[1]两个人都放不下阅读这本书的快感,到其他书里寻找故事缺失的部分,甚至为了凑齐故事不惜转投别的作者。其实,每一章将会出现什么类型的小说,女性读者都已经预告过了:"此外,每一本'小说'都有个书名,对应于某种需要,因为你接下来读的那些小说的书名也将成为一章的标题。既然书名在文字上要与故事的主题相关联,每本'小说'就将以其书名去迎合女性读者的期待,而女性读者的期待是她在阅读前一章的过程中形成的。"[2]全书用十二章讲到男

---

[1] I. Calvino, «Se una notte d'inverno un narratore» in Alfabeta, I, 1979 年 12 月 8 日,引自«Note e notizie sui testi», «Opere», op. cit., p.1391。在这篇文章中,卡尔维诺回应了 A. Guglielmi 提出的几个问题,也非常明确地表达了他所认为的读者的价值。

[2] I. Calvino, «Se una notte d'inverno un narratore»,引自«Note e notizie sui testi», «Opere», op. cit., p.1392。(译文引自《如果在冬夜,一个旅人》,萧天佑译,译林出版社 2012 年版,第 309—310 页。略有改动。——译注)

性读者和女性读者终于成婚。在这个事件设定的框架内出现了十个不同的故事,也是十部未完成小说的开头,所有小说的标题组合成了一首奇妙的诗:

> 如果在冬夜,一个旅人
> 在马尔堡市郊外
> 从陡壁悬崖上探出身躯
> 不怕寒风,不怕眩晕
> 望着黑沉沉的下面
> 在线条交织的网中
> 在线条交叉的网中
> 在月光照耀的落叶上
> 在空墓穴的周围
> 最后的结局是什么?
> 他问道,急不可待地欲知下文。[1]

克里斯蒂娜·贝努西在关于卡尔维诺的出色研究中,对构成这部作品的不同小说特征进行了分析:"他所探讨的主题总是同一

---

[1] 正如目录所示,卡尔维诺在小说的倒数第二章汇总了这些标题,形成一段散文诗般的文字(见«Opere», vol. II, p. 868)。我们把作为结尾但未出现在目录中的"诗句"也放进了这份小说里的组合清单。G. Baroni 也做出了同样的假设:"这些标题按顺序读起来像是一首诗,前五句各有十一个音节(endécasyllabe),意思上的逻辑关系很弱,但因此我们可以对这几句做出各种大胆的诠释。"(*Italo Calvino*, Florence, Le Monnier, 1988, p. 96.)(译文引自《如果在冬夜,一个旅人》。——译注)

些,但这一次,主题并非来自现实层面,而是与文本相关:人物处在一个实际状况不确定的环境里(《如果在冬夜,一个旅人》),在这里,过去左右着现在(《在马尔堡市郊外》),他在这里惶惶不安,因为他感到宇宙的完美秩序出现了一道裂缝(《从陡壁悬崖上探出身躯》);他是一个革命组织的成员,该组织要杀他灭口(《不怕寒风,不怕眩晕》),其实他一完成杀人任务就被出卖了(《望着黑沉沉的下面》);他发现自己原来绑架了一个人(《在线条交织的网中》),随后又落入自己策划的一场阴谋,他本以为镜子的映像能让他认识自己和他想了解的事物,最终却看到了自己死亡的画面(《在线条交叉的网中》)。他明白了,知觉行为最基本的条件是空(vide),是空将一个对象与另一个对象分开,就像没写出的东西要比写出的东西更意味深长(《在月光照耀的落叶上》);在一再重复上演的历史中,他已经搞不清自己的血缘关系(《在空墓穴的周围》),只有当世界被缩减为一张只能写下几个抽象词语的纸,直至被完全抹去,他曾走在上面的(思想中的)大街才有可能恢复原状(《最后的结局是什么?》)。从一开始的积极介入,来到眼下的零度,再从这个零点重新出发,这个过程也在隐喻卡尔维诺的作家历程。而我们总能通过那些怪癖、恐惧症和哲学瘾认出他来:他笔下的女人,他在思想上的不确定,以及他对于会自行出现又会突然消失的可能性的担忧,因为有限-无限、真理-谬误、偶然-必然总是交替往复,也包括写作的地狱-天堂——写作已经成了他的阿莱夫(Aleph),一个可以从任何角度看到地球上任何一处的地方。"[①]

---

① C. Benussi, *Introduzione a Calvino*, *op. cit.*, pp.136 – 137.

这部小说不可能形成一个统一的整体,但试图通过男女读者之间的试探和一次次带有情色意味的接触重构一种统一性,其对应的现实只能存在于书之外,开始于二人的结合带来的繁殖可能,于是小说的无限包含了一种有限性,也就是一种伦理。这是属于寓言故事的伦理,男女主人公结婚或者死亡,所有童话故事都带有这两方面的终极意义:"生命在继续,死亡不可避免。"① 只有诗能重新创造(一次是通过标题的内容在内部创造,一次是通过整合碎片的阅读在外部创造)所有小说都不可能达成的统一性,尤其是这部小说,它就处在一个不连贯的、断裂的场域,被一张网支撑、包裹,因而不致迷失。

小说有两个貌似截然分开、实则不分彼此的中心:写作的中心与阅读的中心,二者通过奥维德意义上的变形(métamorphose)彼此依存,互相制约。在二者的作用下,一种总在逃逸的材料(欲望)不断陷入停滞,于是蜕变为另一种东西,但保持着本性不变(欲望的永不满足)。每个故事的标题都并不通往欲望的满足、消亡、终结或者享受,却又同时让文学以同样的方式实现了这一目标:每一次都能以不同的方式阅读每一页。在回应安杰洛·古列尔米时,卡尔维诺用一大段文字谈论了这种可能性:

> 为什么正好是十篇小说?……假如就这一点我需要质询自己,那我就会这样问道:"我陷入什么困境了呢?"事实上,对于整合这一想法,我始终有些敏感……但是,我谈到——或者

---

① I. Calvino, *Se una notte d'inverno un viaggiatore*, in «Opere», vol. II, p. 869 (277). (译文引自《如果在冬夜,一个旅人》,第299页。——译注)

说,我这本小说中的人物西拉·弗兰奈里谈到——书籍的"整体"时,说的是"一切可能的书",涉及的不仅是所有的书,还包括那些可能的书……为了摆脱这一无限特征,也许我应该给自己提个这样的问题:为什么是那十个故事,而不是别的故事呢?很清楚,我选择了那十个故事类型,是因为我觉得它们对我更有意义……还是这样说吧,在我这本书中,"可能的"不是绝对意义上的可能,而是我认为"可能的",而且也不是指一切对我来说可能的事物,例如,我没兴趣重新经历我以往的文学生涯,重复写那些我已经写过的小说类型;我要写的是我与我之所为以外的那些可能的小说……这时,我请朋友中最有学问的一位阅读我的手稿……他对我说,他认为这本小说的展开方式就是不停地进行删除,直至最后删除了"启示录式小说"中的那个世界……从这个角度看,这本小说就是某种具有负片效果的自传:一些我有可能写下去却被我抛弃了的小说,而这些小说的合集(对我与其他人来说)就是一份具有代表性的生存态度的目录,这些生存态度代表了同样数量的被堵死的途径。那位最有学问的朋友提醒说,柏拉图在《辩解篇》中为了给垂钓者下定义,采用了双重选择模式:每当一种选择被排除时,另一种选择又分解成两种选择。这一提醒足以让我致力于按照这个办法去绘制一些图表,说明真小说所遵循的线路图。[1]

---

[1] I. Calvino, «Se una notte d'inverno un narratore», in *Alfabeta*, *op. cit.*, pp.1395-1396. (译文参考了《如果在冬夜,一个旅人》,第10—13页。——译注)

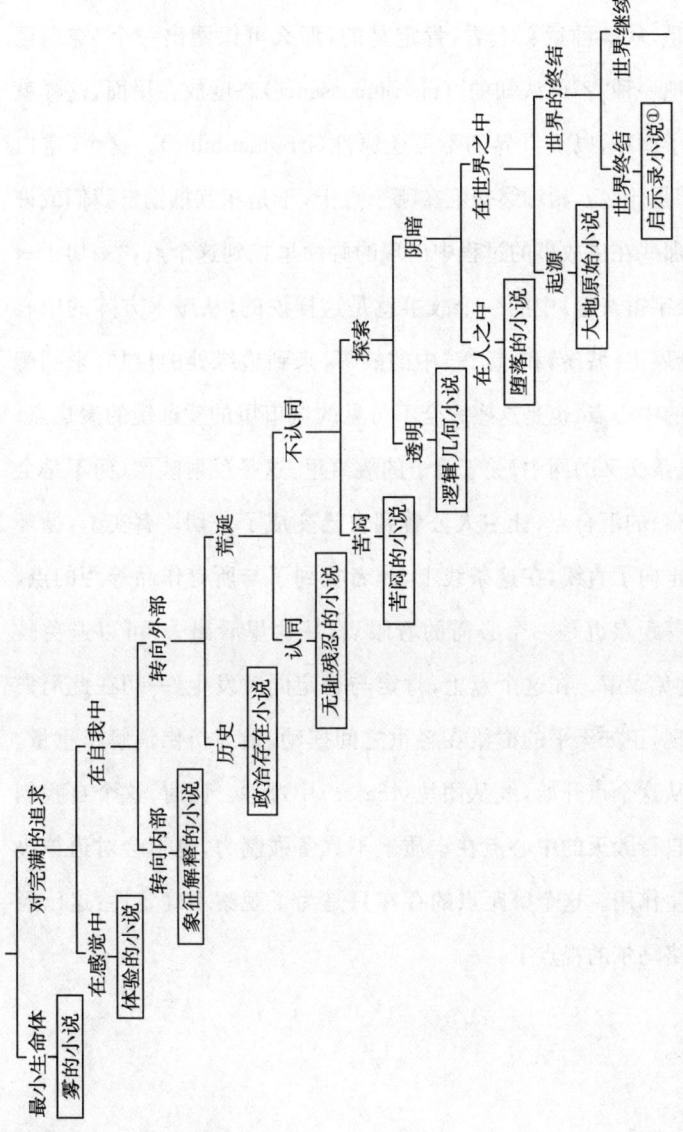

① 《选择图表》, in 《Opere》, vol. Ⅱ, pp. 1394—1395。(译文引自《如果在冬夜，一个旅人》，第14页，略有改动。——译注)

结构的循环性也就是整体性就这样勾画出来了？卡尔维诺的回答是，从某种意义上看，肯定是的，那么可以圈出一个"空白区域"，把一种"不可认知的"(disconnaissance)态度放在里面，这样就形成了循环，以及世界的不可还原性(irréductibilité)。这个"空白区域"是什么？始和终交汇在哪个点上，于是相互抵销？我们或许能从那些在讲故事的过程中出现的画面里找到这个点："一切于一点"，《宇宙奇趣》中的一个故事就是这样说的，从魔术方阵的中心点，延展出《城堡》和《饭馆》中的故事，来到边缘处的树林，来到鲍西丝的中心点，也是这座完全不可见的城市里的望远镜的聚焦点；《在线条交叉的网中》关于镜子的故事里，这是反射映像（而不是全景观察）的汇合点，让主人公看到自己变成了一切。事实上，循环最终走向了直线，在这条线上，作者找到了与所有作品等距的点，这个等距点也是一个必需的着眼点，从这里看出去，可以避免歧义、避免误解。在这个点上，肯定与否定同时发生，一切在此消失又重现，正如天平的横梁在轻重之间摆动，最终仿佛消解了重量。也是从这个点开始，线从团块(masse)中逃逸。同时，这个自我创造又自行毁灭的中心点在本质上不具备强制力，也不会对道德决断产生作用。这个等距点的存在只是为了观察不确定性：这已经是帕洛马尔的视点了。

* * *

卡尔维诺于 1974 年开始与《晚邮报》合作，一直持续到 1979

年,其间他在该报上发表的一些故事后被收录在《圣约翰之路》中,还有一些被收录在《安地列斯群岛的绝对静止》中。① 1975 年,卡尔维诺开始了另一个组合之作《帕洛马尔》的创作。他在 1976 年为《晚邮报》所写的墨西哥和日本游记,要到 1984 年才结集为《收藏沙子的旅人》出版②;也是在这个时期,他的写作开始受到具象艺术的启发。1978 年,卡尔维诺的母亲去世,享年九十二岁。1979 年,卡尔维诺辞别《晚邮报》,成为《共和报》的合作伙伴,他所写的涉及政治的文章也多了起来。1980 年,他获得了荣誉军团勋章,之后离开巴黎,定居罗马。1983 年,他被任命为高等教育学院的研究主任,任期一个月。他于 1984 年离开埃伊纳乌迪出版社,并接受加尔赞蒂出版社的邀约,在该社出版自己的作品。1985 年夏天,他为要在哈佛大学举办的系列讲座准备讲稿《新千年文学备忘录》。③

1985 年 9 月 19 日,卡尔维诺因脑溢血离世。

* * *

此刻他脑子里出现的都是线条:意识的线条与无意识的

---

① 分别包括:*Ricordo di una battaglia*,*Autobiografia di uno spettatore* et *La Poubelle agréée*. in «Opere», vol. Ⅲ, pp. 27 – 79 (in *La Route de San Giovanni*, *op. cit.*);*Montezuma*,*L'Uomo di Neanderthal*,ibid.,pp. 177 – 197 (in *La Grande Bonace des Antilles*,*op. cit.*).

② I. Calvino, *Collezione di sabbia*, in «Opere», vol. Ⅳ, pp. 411 – 625 (*Collection de sable*, trad. J.-P. Manganaro, Paris, Seuil, 1986).

③ I. Calvino, *Lezioni americane*, *op. cit.*

线条交汇,欲望的线条与恐惧的线条交汇,确定的线条与怀疑的线条交汇……接着,一些感受穿过身体:一颗龋齿的疼痛遇上来自膀胱的兴奋,就在鼻口却迟迟打不出的喷嚏,还有一根脚指头的麻木感。①

经过对组合与结构的漫长探索后,卡尔维诺以《帕洛马尔》回归感官领域。当然,我们不能唐突地说他离开过这个领域,因为在我们看来,他对于感官的写作不仅在他的作品中占据了不容忽视的地位,而且在某种程度上,也是他构思和行文的技术与机制的一部分。我们可以说,这样一个布满褶皱的空间(如果只能以两个我们已经分析过的作品为例,那一定是审视自身存在的《一个海水浴者的奇遇》和审视知识分子与艺术家的工作的《一个摄影师的奇遇》)是由一系列故事构成的,这些故事的写作发生在很多年里,大多收录在两部作品集中:《五感》——后以《美洲豹阳光下》②为名出版——以及《帕洛马尔》。

前一部作品集是关于五种感官的。早在1970年,作者便有野心在《五感》的标题下汇集五个故事。然而从1972年到1984年,他只写出了三个,分别关于嗅觉、味觉和听觉,而关于视觉,仅存一篇重要的说明文字,关于触觉的计划则无迹可寻。克劳迪奥·米拉

---

① I. Calvino, «Il crollo del tempo» (L'écroulement du temps), in *Guardando disegni e quadri* (*su alcuni disegni di Saul Steinberg*), «Opere», vol. III, p. 413.
② I. Calvino, *Racconti per «I cinque sensi»*, in «Opere», vol. III, pp. 111–173 (*Sous le soleil jaguar*, op. cit.).

尼尼整理出版了卡尔维诺在各个创作阶段所写的说明文字,这些文字主要涉及卡尔维诺广泛的灵感来源和写作参照。在一段幽默的表述里,他暗示了关于五感创作的目的之一:"使尚未书写的世界能够表达自己。"①

  我正在写的一本书里讲的是五种感觉,目的是说明现代人已经不知道如何使用它们。在这本书的写作上遇到的困难是,我的嗅觉并不十分灵敏,听觉不够集中,味觉不是很好,触觉只是凑凑合合,而且是个近视。②

嗅觉带来了一种让人既忘不掉又无法留在记忆中的情感,给这种气味取个名字,趁它还没挥发殆尽,这就是《名字,鼻子》的故事想说的。标题之所以使用了这两个名词,是因为我们一般不会将名字作为符号安在一个我们不知道其气味的东西上。嗅觉会影响个人的特性(名字),而认知器官(鼻子)仍事关一块领地、一种地理,可数之物聚集在这个本来有边界的领地上之后,形成了无限的可能。

---

① I. Calvino, *Mondo scritto e mondo non scritto*,1983 年"詹姆斯讲座"(James Lectures)上的演讲文本,引自 C. Milanini, «Note e notizie sui testi», «Opere», vol. Ⅲ, p. 1214.(译文引自《美洲豹阳光下》,译林出版社 2015 年版,魏怡译,"前言",第 6 页。略有改动。——译注)

② I. Calvino, *Mondo scritto e mondo non scritto*,引自 C. Milanini, «Note e notizie sui testi», «Opere», vol. Ⅲ, p. 1214.(译文引自《美洲豹阳光下》,"前言",第 4—5 页。略有改动。——译注)

在这块领地上,只有气味是事物被命名的依据,没有气味相伴的事物绝不可能有名字。气味首先是一种正在逃逸、消散的浓度,人类更想追逐它,就像追逐猎物,而不是抓住它。只靠回忆是不够的。回忆无法将正在消散的气味锁定于一个女人真实的肉体,甚至回忆的存在就是为了证明这种追逐及其不可得。要追到它,只能靠直观感受的一再重复和持续。于是作者开始在记忆里找寻最初的嗅觉感受,因而也第一次定义了知觉(perception)可能是什么:感觉,当它源于身体的内部网络时,是跟一个符号结合在一起的;当它来自外部网络时,需要指定给它一个符号,这样一场偶遇只有一再发生才能被留在记忆里。

气味、嗅觉就这样不断刺激着他,他首先想到的是搜集尽可能多的气味。于是,故事从香榭丽舍大街上的一家香水店开始,在这一情境中展开了三重主题:嗅觉的产生、存续和消亡。接着描述的是人类尚属动物的原始阶段,这时的人类能够识别某些气味,是因为在反复尝试其他气味的过程中,这些气味渐渐脱离出来。最后是一场颓废的音乐会,人们在这里只能闻到腐烂和衰败的气味:煤气、汗水、呕吐物,如同人类进入了倒退阶段。在三个主题的展开中,感官总是与死亡冲动有关:开始于香水店的故事里,出现了紫色的身影;在动物变成人的故事中,有被秃鹫和豺狼撕碎的尸体;音乐会的故事中,有救护车和停尸间的大理石。这些东西都在告诉人们,不可能超越记忆的有限范围,追上并留住生命,也就是说,对任何一种感觉的失去或遗忘都会变成死亡。

第二个故事《味道,知道》的副标题便是"美洲豹阳光下",这是一个有关味觉的故事。卡尔维诺将关于味觉的认识转化为一种更精细、更具经验性的知识,并且用一段题词①揭示了在语史学上,味觉是与智慧(sapience)和学问紧密相关的。引出故事主题的是一段发生在墨西哥之旅中的情感关系,二人在这段旅程中了解了阿兹特克与玛雅文明、献祭与食人的文明。卡尔维诺对味觉功能进行了货真价实的人类学和考古学回溯,最终得出两个结论或者说两个层面的解释:吃是一种生命行为,只有将被吃的东西献祭出来才能实现,被吃的可以是人类,也可以是动物和植物,将肉切成块、将餐食煮出味道的作用是遮盖牺牲者和祭司之间的献祭关系。如此看来,玛雅献祭的例子意味深长,墨西哥菜肴中的辣椒酱或许就是为了遮盖被献祭的肉体上的特殊味道,为了让平淡的肉获得一种热烈的口感。同时,对于爱情关系的认识从味觉感受里发展出来,恋爱总像是咀嚼对方,色情则是为了掩盖人在爱情中经受和施行的献祭般的吞食,尤其是如果对方"平淡乏味"(insipide)的话。

味觉是一种停滞的动态关系——动态发生在产生味觉的不同器官之间,而咀嚼就像狩猎活动的暂停,完美象征了停滞状态。动态由吞食的一方施加给被吃的一方,而停滞既掩盖了彼此献祭的爱情所导致的死亡一幕,又将人类的原始冲动暴露无遗。故事最

---

① 题词出自 Niccolò Tommaseo 的《意大利语同义词词典》:"一般来说,'品尝'是行使味觉功能并获得印象,可以发生在人的目的并不明确,甚至不假思索的情况下。'品味'则是意图更清晰的行为,因为它事关享受并了解我们所品尝的东西,至少它表示我们对获得的印象有经过思考的感受,有一种认识,也表示我们开启了一段经验。在拉丁语中,sapio 有一层隐喻的意思,即'直接地感到',意大利语中的 sapere(法语 savoir)就是由此而来,专指一种学问,以及智慧比科学更加高明之处。" I. Calvino, «Sapore sapere, Sotto il sole giaguaro», in *Racconti per «I cinque sensi»*, *op. cit.*, p. 127 (29).

后所描写的诸多符号属于这样一种文明：它既能创造出我们认为美的形式，也想要表达在各种仪式中进行献祭的必要性。知道-味道的故事在结尾处将原始知识转化为神的知识（savoir-dieu），形成了一种不完整的概念。

卡尔维诺笔下最美的故事之一《国王在听》，为听觉赋予了一种独特的形式。首先，国王的形象很特别，有点卓别林或者贝克特的味道。在叙述者对国王的特征和职能的一番嘲讽之下，他很快化身为一个自我独裁者——另一位叙拉古的僭主丹尼斯（Denis de Syracuse），他倾听是为了控制和惩罚。

如果说另外两个故事显然带有近乎自然主义的故事特征，那么这个故事里的叙述者则是一种声音充当的。这个讲述国王内心活动的声音，类似一种生命驱力下的意识：一个被简化为其功能的存在是静止而孤独的，他不再了解自己，更不了解他人；他身上留有来自久远过去的微弱痕迹，一些陈旧习惯的痕迹，但都跟真实世界没有任何关系了。如果说气味是逃逸，味道是一种主动的停滞，那么声音则表达了另一种运动：就像在两种等待之间的徘徊，但这种运动不会得到任何回应，它的作用只是提出一些以怀疑这种可怕形式出现的问题。叙述者的声音是等待的两极之一，一种启动听觉功能的单纯机制。因此故事呈现的是一个内心的声音，它像遍访耳蜗中的迷宫一般走遍蜿蜒迂回的宫殿；听觉成为运送精神的载体，让头脑实现身体无法做到的移动。叙述的声音成了内心的记忆意识，叠加于听觉之上，最后与之合一。在它们之间交错着各种声响：真实的声音与可能的声音不再有分别，直到某一刻，不再有任何声音被听到，听觉便开始自行幻想声音，自行制造声音，确认声音的存在,让声音一点点成为现实,从风在树叶间低吟,到雷声隆隆,最终在混沌中一声轰鸣,带走了眼前的世界和他的记忆。

卡尔维诺极少像这样将诗歌般的写作倾注在他的对象上:他用写作翻遍了每一个可能产生感觉的角落。写作的种种机制被转化为情感(émotion)和情动(affect),情的浓度形成的各种组合正如一条条路径,一条条被抛往不同方向的线条,它们被某种句法、某种语言捕获后又再次被抛出。这种语言,我们若要说它清晰,不如说它透明,因为它让藏在词语背后的东西、由词语揭示的东西不断闪现在我们的感受中。

在此,他的写作达到了近乎抽象的程度,这让人想起《昏暗中》①,如果说得绝对一点,那是卡尔维诺最优美的一篇文字。他用此文完成的抽象写作如同赢得了一场赌局:既必须完全使用具体材料,又要通过想象达到抒情诗的高度。这是真正的文本锤炼,持续发生的(work in progress)行为表演。这样的创作在确定自身行动与目标的那一刻,也获得了自身的诗性。它站在一个内部视点,将人性的各种可能维度一览无遗,再用一张网——由各式各样、变化多端的几何图案构成——将它所看到的元素呈现于外部世界。这篇写于1971年的文字,本可能成为《五感》中缺少的那篇关于视觉的故事,它诠释了卡尔维诺的诗意视角:

---

① I. Calvino, *Dall'opaco*, in «Opere», vol. Ⅲ, pp. 89–101 (trad. in *La Route de San Giovanni*, *op. cit.*, pp. 159–184).

我们的双眼就像工具,我们通过眼睛看到世界。我们看到的有多少?＝我们帮这个世界——人和物——看清自己,也就是让世界存在有多少?艺术:创造视觉化(装饰,物品的外形,抽象主义)并传递视觉化("写生","关于"视觉的画,也就是印象派)。(摄影呢?电影呢?)那些停留在视觉边缘的事物。人呢?人们传递的符号(甚至传递给盲人)。要像找蘑菇一样把隐藏起来的符号找到。世界不是全景式敞开的,而是加密过的。隐匿起来的东西不是要遮掩自己(内脏,秘密),而是想要被发现(痕迹,宝藏)。①

* * *

我是从一个看不见的、无名的点写起的,因此我难以确定我所写的地方与包围它的城市是什么关系。②

正如我们在前文所看到的,卡尔维诺对有关看与看见的一切进行追问,而试图回应这一系列问题的作品不只有《昏暗中》。如果说这个标题的明确指向确实带我们来到一个昏暗的起点,我们从这里开始努力看清每种视角下的内容,那么作者也的确尝试着通过自己的身体在特定位置之间的转换,将可见的(visible)范围描绘出来,这是一个时而清晰时而模糊的范围,能够容纳现象的、感

---

① I. Calvino, *Racconto della vista*,引自 C. Milanini, «Note e notizie sui testi», in «Opere», vol. Ⅲ, pp. 1214 - 1215。
② I. Calvino, *Altri ricordi*, *altre confessioni*, in «Opere», vol. Ⅲ, p. 106.

官的和情感的种种变化，也能承受最大限度的改变。卡尔维诺试图用这篇文字尽可能清楚地描述出无限的意象：无限不再是一种超验的、形而上的条件，而是人类的一种感知，是作者所说的"一种自我了解"。无限取决于身体在一个时空之内所处的不同位置，改变位置的方式不同，时空所揭示的无限也不尽相同。这篇文字是一场追寻，其最终目的，显然是尽可能走到最清晰的地方，也就是作为昏暗对立面的明亮：

"D'int'ubagu"，我在昏暗的尽头写作，重建明亮的地图，可是明亮只是通过记忆的演算无法证明的公理，是我的几何位置，这个我是我自己需要与自我分离的我，这个我唯一的用处在于这个世界不断地接收着世界存在的消息，我只是这个世界用来感知自己是否存在而配置的机械而已。①

这个"唯一的用处在于这个世界不断地接收着世界存在的消息"的"我"，终于在帕洛马尔这个人物身上得到了完整的自我实现。这个理想人物身上集中了卡尔维诺作品中的一些重要元素：他是个反英雄的人物，但在遇到任何精神上的考验时总是敢于直接面对，他的内心单纯如马可瓦尔多和柯西莫，且处在社会的绝对边缘地带，因此他几乎跟卡尔维诺笔下的所有人物一样，身上都有些卡尔维诺本人的影子。帕洛马尔是对卡尔维诺全部创作的告

---

① I. Calvino, *Dall'opaco*, op. cit., p. 101 (184).（译文引自《圣约翰之路》，第150—151页。——译注）

慰。是的，他看上去云淡风轻，也就是说，他出奇地轻盈，且站在一个格外高的地方向下看——与帕洛马尔这个有所指涉的名字相称，也让人想到美国帕洛马尔山天文台上的望远镜。帕洛马尔心怀忧虑但平静从容，他阅尽世界的记忆、此刻的经验、未来的可能。他一半在地，一半在天，大地将所有需要解决的难题、所有关于宇宙的疑问都塞给了他，没有日夜之分的天空不再是逃逸的去处，而是归宿。

帕洛马尔身上集中了卡尔维诺写过的主题，仿佛预示了这是作者笔耕一生留下的谢幕之作。帕洛马尔就是那个"不可认知"所在的"空白区域"，既是起点也是终点，映像与全景在这里同时出现，并不停地将自己变成一切，将一切变成自己。卡尔维诺的写作终于丢掉了对某些形式的执念，融入世界被转变为相邻的、连续的图案后不安的和谐之中。我们曾经提到过等距，它让人处在一个可以公正无私地看到全局的位置，也让人能够公平地给看到的每个部分找到存在的理由。在这个位置上，感官的感受转化为观察事物的角度。在观察中，因感受而产生的现象扭曲、精神失调或情感困惑带来的所有误解都被努力修正：云淡风轻，就是心中的这种云淡风轻，使他写出了这篇既浓郁又清淡，且意蕴深刻的文字。

假期、城市和沉默三种外部情境是《帕洛马尔》中的行动或参照区域，每个区域又被切分为三种特定情境。于是，假期里的帕洛马尔在海滨，在花园里，或者在看天象；城市里的帕洛马尔在阳台上，在购物，在动物园；最后，为了填满沉默，帕洛马尔去旅行，有时与人交往，有时陷入默思。每个特定情境又呈现了帕洛马尔的三种存在状态。例如，假期中的帕洛马尔在海滨阅读海浪；看到袒露

的乳房时,他观察和分析自己的行为举止;对于太阳之剑的发问,他绞尽脑汁。卡尔维诺亲自解释了他的计划:

> 数字1、2、3……都不仅表示顺序,而且表示三种不同的主题,三种不同的经验或思考。这些主题以不同方式相互结合,贯穿本书各个部分。
> 标明为"1"的部分,相对应的一般是视觉经验,以自然界的各种形状为题材,文字以描写为主。
> 标明为"2"的部分,包含了人类学或广义的文化方面的元素,涉及视觉、语言、意义、符号等方面的经验,文字偏重叙述。
> 标明为"3"的部分,讲述的是更为思辨的经验,涉及宇宙、时间、无限、自我与世界的关系及思想的纬度,内容也由描写、叙述转为默思。①

我们看到,卡尔维诺对组合结构的迷恋依旧。但在写《帕洛马尔》时,他对结构的要求已经没有那么严格了。他似乎经常忘记要做组合的游戏,全身心投入以写作来沉思的崇高活动中去。当作者投入这样的特殊时刻,他就找回了自己并忠于自己,不管是自己的欲望还是自己的状态。他召集一些元素来一步步完成最后的观察,这些元素的特性再日常不过,它们是生活的基本元素,是任何形式都可能包含的。而恰恰因为这些形式是常见的甚至随意的,

---

① I. Calvino, *Palomar*, op. cit., vol. II, p. 872 (126). (译文引自《帕洛马尔》,萧天佑译,译林出版社2006年版,"目录",第1页。——译注)

才比其他形式更适合用来制造组合。被组合在一起的不是问题的答案,而是简单的观察记录,并且归属于一个共同的意义,那就是它们的独特形式。

因此,每个元素,不管是海浪、行星、星辰,还是长颈鹿或者镜子般的宇宙,就在思索它们之人的头脑中。他有多少思考,汇集起来就有多少种可能,也就是多少次新发现,这些可能愉快也可能遗憾的新发现将在精神世界形成一个新的空间。思考所洞悉和揭示的不是什么特别的意义,而是元素可能具有的多重本质,因此这些元素才让他一思考什么东西就神思焕发:帕洛马尔提出的小问题基本都是他永远解决不了的,因为每个提问对象或话题都有说不完的道理。于是每个故事结束于新的问题,而进行过的推理已经指出了不同的解答方向。这部作品不再单靠组合形式的结构来产生多样性,多样性也表现为定义事物的不可能性本身;同样不可能被定义的,还有事物在不断遭遇人类的一切时,它们究竟意味着什么。如果不是通过一再增加可能的答案,我们还能如何思考无限呢?可答案本身也是无穷的,所以我们不得不设定边界,否则终将无法与物质世界共处。但边界只能存在一时,只是短暂停留在一个时空里的临时决定,这个时空就是我们自己的一生。

有意思的是,帕洛马尔最后的沉思是关于死亡的:"如何学会做死者"不是一堂课,不是一句格言,也不是一个提问(若是这几种情况,那么其实是在同时给出问题和问题的答案),而是跟自己说话。这个自己走到了一段路的尽头,到了这里,从哪儿看和看到什么变成了一回事。从此看或看见都不再可能,唯一能做的是把那个未知的东西看个清楚,那个未知的东西即使不是幻象,也不可能是别的什么了。像莱奥帕尔迪的田园诗般把目光聚焦在这个点上,无限之中的完美一点,生命冲动——它让所有感觉和情动都交汇在这个容纳一切的现在——在这个点上找到了实体的和精神的根基,在这里凝望过往的经历,凝望着过去化身为正在逝去的现在,不用再为了等距而进行抽象了。不过,有必要拿最后这篇文字跟莱奥帕尔迪笔下的一些意象——总体之中的残缺、暴风雨之后的宁静是不可少的比较对象——做个比较。这篇文字的开启与组织都以焦虑作为符号,这个符号在某一时刻就是生命本身:

没有他的世界是否意味着他不再有焦虑呢?……一个浪头扑向海礁,腐蚀一下岩石,另一个浪头继之而来……他存在也好,不存在也好,一切都照常进行。死亡带来的慰藉应该是:在消除了忧虑这个斑点即我们的存在之后,唯一重要的就是一切事物都展示在阳光之下,并在漠然的、宁静的气氛中相继发生。那时世界上只有宁静,一切都趋向宁静,风暴、地震、火山爆发也趋向宁静。他活着的时候世界不就是这样吗?既然暴风雨随身携带的是雨后的宁静,那么能否说暴风雨预示着所有海浪都被海岸击碎、强风也耗尽了自己的力量这一时候的到来呢?也许死亡意味着置身于波涛滚滚的海洋之中,海洋里风浪是不会消逝的,因此不必等待海洋宁静下来。[①]

---

① I. Calvino, *Palomar*, *op. cit.*, vol. II, p. 976 (119). (译文引自《帕洛马尔》,第147页。——译注)

显而易见,这里描述的并非死亡,而是存在的一个全新状态。存在成为最难以把握的一种材料,就像海浪,但同时也是一个顽固、持续的念头,或许还是个忧虑的念头。那么,最后一念留下的痕迹是什么?也许是焦虑,或者说一种焦躁不安,是它驱动着整整一生,也是它让所有生命冲动在回看时成为一连串的经历,成为一个将人和自己的过去关在一起的封锁区。对于过去,我们没有什么能够添加的,因为所有的元素,连同所有的事件,从此被放在一处,被筑进生命的内部,触不可及,也不会改变。只剩下正在发生的念头仍在膨胀,坚持不懈地要再现和描写看到的一切,无穷无尽。只要没写完,他就依然活着:

"如果时间也有尽头,那么时间也可以一个瞬间一个瞬间地加以描述,而每一个瞬间被描述时都会无限膨胀,变得漫无边际。"他决定着手描述自己一生中的每一个时刻,只要不描述完这些时刻,他便不再去想死亡。恰恰在这个时刻,他死了。[1]

---

[1] I. Calvino, *Palomar*, *op. cit.*, vol. II, p. 979 (123). (译文引自《帕洛马尔》,第151页。略有改动。——译注)

中英文人名对照表

A

阿德利亚娜	Adriana
阿季卢尔福	Agilulfe
阿拉贡	Aragon
阿里奥斯托,卢多维科	Ariosto, Ludovico
阿斯托尔福	Astolpho
阿约尔福	Aiulphe
艾略特,T. S.	Eliot,T. S.
埃马努埃莱	Emanuele
埃伊纳乌迪,朱利奥	Einaudi, Giulio
安东尼诺	Antonino
安佩利奥	Ampelio
安热莉克	Angélique
奥尔梅亚,阿梅里戈	Ormea, Amerigo
奥尔泰塞,安娜·玛丽亚	Ortese, Anna Maria

B

巴贝夫	Babeuf
巴别尔,伊萨克	Babel, Isaac
巴尔博,费利切	Balbo, Felice
巴塔耶,乔治	Bataille, Georges
巴特,罗兰	Barthes, Roland
贝克特,塞缪尔	Beckett, Samuel
贝里奥,卢西亚诺	Berio, Luciano
贝努西,克里斯蒂娜	Benussi, Cristina
贝托尔迪诺	Bertoldino
贝托尔多	Bertoldo
本博,博尼法乔	Bembo, Bonifacio
彼埃特罗马格罗	Pietromagro
毕加索,巴勃罗	Picasso, Pablo
博比奥,诺伯特	Bobbio, Norberto
博尔赫斯,豪尔赫·路易斯	Borges, Jorge Luis
薄伽丘,乔万尼	Boccaccio, Giovanni
波托茨基,扬	Potocki, Jan
布拉达曼特	Bradamante
布莱希特,贝尔托	Brecht, Bertolt
布朗肖,莫里斯	Blanchot, Maurice
布鲁姆,莱昂	Blum, Léon

布鲁诺,乔尔丹诺	Bruno, Giordano

D

达里约,达尼埃尔	Darrieux, Danielle
德·贝杰拉克,西哈诺	de Bergerac, Cyrano
德勒兹,吉尔	Deleuze, Gilles
狄更斯,查尔斯	Dickens, Charles
迪士尼,华特	Disney, Walt

F

法捷耶夫,亚历山大·亚历山德罗维奇	Fadeyev, Alexander Alexandrovich
凡尔纳,儒勒	Verne, Jules
费拉塔,简思罗	Ferrata, Giansiro
费里尼,费德里科	Fellini, Federico
费烈拉	Ferriera
冯·特洛塔,M.	von Trotta, M.
富尔内尔,保罗	Fournel, Paul
福克纳,威廉	Faulkner, William
弗兰奈里,西拉	Flannery, Silas
福斯科洛,乌戈	Foscolo, Ugo

G

戈贝蒂	Gobetti
葛兰西,安东尼奥	Antonio, Gramsci
格朗维尔	Grandville
格雷马斯,阿尔吉达斯	Greimas, Algirdas
格诺,雷蒙	Queneau, Raymond
格瓦拉,切	Guevara, Che
贡布罗维奇,维托尔德	Gombrowicz, Witold
古列尔米,安杰洛	Guglielmi, Angelo

H

海明威,欧内斯特	Hemingway, Ernest
赫伊津哈	Huizinga
霍夫曼	Hoffmann

J

加达,卡尔洛·埃米利奥	Gadda, Carlo Emilio
加缪,阿尔贝	Camus, Albert
贾钦托	Giacinto
加斯曼,维托里奥	Gassman, Vittorio

加塔利,费利克斯	Guattari, Félix
吉卜林,约瑟夫·鲁德亚德	Kipling, Joseph Rudyard
纪德,安德烈	Gide, André
吉里雅	Giglia
吉姆	Kim
金兹伯格,娜塔利娅	Ginzburg, Natalia

K

卡尔皮,菲奥伦佐	Carpi, Fiorenzo
卡尔维诺,弗洛里亚诺	Calvino, Floriano
卡尔维诺,马里奥	Calvino, Mario
卡尔维诺,乔万娜	Calvino, Giovanna
卡夫卡,弗兰兹	Kafka, Franz
卡卡森诺	Cacasenno
卡罗尔,刘易斯	Carroll, Lewis
卡肖内,费利切	Cascione, Felice
坎蒂莫里,德利奥	Cantimori, Delio
康德,伊曼努尔	Kant, Immanuel
康弗,尼古拉	Conver, Nicolas
康拉德,约瑟夫	Conrad, Joseph
克鲁泡特金,彼得·阿列克谢耶维奇	Kropotkin, Pyotr Alexeyevich
科洛迪,卡洛	Collodi, Carlo

克罗齐,朱利奥·切萨雷	Croce, Giulio Cesare
柯西莫	Cosimo
库尔齐奥	Curzio

L

莱奥帕尔迪	Leopardi
莱奥托,保罗	Léautaud, Paul
兰多尔菲,托马索	Landolfi, Tommaso
勒利奥奈,弗朗索瓦	Le Lionnais, François
雷亚,多梅尼科	Rea, Domenico
利贝罗维奇,赛尔乔	Liberovici, Sergio
理查逊,塞缪尔	Richardson, Samuel
丽娜	Rina
列维-斯特劳斯,克洛德	Lévi-Strauss, Claude
鲁博,雅克	Roubaud, Jacuqes
卢卡奇,G.	Lukács, G.
罗杰	Roger
罗兰	Roland
罗森贝格	Rosenberg
罗西里尼,罗伯托	Rossellini, Roberto

M

马尔罗,安德烈	Malraux, André
马可尔法	Marcolfa
马可尔菲,帕梅拉	Marcolfi, Pamela
马可瓦尔多	Marcovaldo
马莱,R.	Mallet, R.
马梅利,埃韦利娜	Mameli, Evelina
马塔	Matta
马志尼,朱塞佩	Mazzini, Giuseppe
曼齐诺	Mancino
曼佐尼,亚历山德罗	Manzoni, Alessandro
梅达尔多	Medardo
梅尔维尔,赫尔曼	Melville, Herman
蒙塔莱,埃乌杰尼奥	Montale, Eugenio
米拉尼尼,克劳迪奥	Milanini, Claudio
莫莱蒂,N.	Moretti, N.
莫兰黛,艾尔莎	Morante, Elsa
莫里亚克,弗朗索瓦	Mauriac, François
莫尼切利,马里奥	Monicelli, Mario
墨索里尼,贝尼托	Mussolini, Benito
穆谢塔,卡洛	Muscetta, Carlo

N

纳尼恩	Nanin
尼诺	Nino
涅埃沃,伊波利托	Nievo, Ippolito

P

帕索里尼,皮埃尔·保罗	Pasolini, Pier Paolo
帕韦泽,切萨雷	Pavese, Cesare
佩莱	Pelle
佩雷克,乔治	Perec, Georges
皮恩	Pin
皮萨卡内	Pisacane
普拉托利尼,瓦斯科	Pratolini, Vasco
普罗普,弗拉基米尔	Propp, Vladimir

Q

奇塔蒂,彼得罗	Citati, Pietro
乔万尼诺	Giovannio
秦梯利	Gentil

S

萨特,让-保罗	Sartre, Jean-Paul
塞雷内拉	Serenella
山鲁佐德	Shéhérazade
史蒂文森,罗伯特·路易斯	Stevenson, Robert Louis
斯巴克,凯瑟琳	Spaak, Catherine
斯卡尔法里,埃乌杰尼奥	Scalfari, Eugenio
斯塔罗宾斯基,让	Starobinski, Jean
斯坦贝克,约翰	Steinbeck, John
斯特恩,劳伦斯	Sterne, Laurence
斯韦沃,伊塔洛	Svevo, Italo
索达蒂,马里奥	Soldati, Mario

T

陶里亚蒂,帕尔米罗	Togliatti, Palmiro
图尼埃,米歇尔	Tournier, Michel
吐温,马克	Twain, Mark

W

瓦尔,弗朗索瓦	Wahl, François

王尔德,奥斯卡	Wilde, Oscar
威尔斯,赫伯特·乔治	Wells, Herbert George
维拉,庞丘	Villa, Pancho
维斯孔蒂	Visconti
维托里尼,埃利奥	Vittorini, Elio
文图里,佛朗哥	Venturi, Franco
文图里,马尔切洛	Venturi, Marcello
沃隆特,吉安·马里亚	Volonté, Gian Maria

X

夏夏,莱昂纳多	Sciascia, Leonardo
辛格,埃丝特·朱迪思	Singer, Esther Judith
雪莱,玛丽	Shelley, Mary

Y

伊索塔	Isotta
约朗达	Jolanda